ÉTUDE

SUR LES

Rapports des Agents de Chemins de fer

AVEC LES

COMPAGNIES OU ADMINISTRATIONS QUI ONT ENGAGÉ LEURS SERVICES

ET AVEC L'ÉTAT

PAR

Paul HOUDAILLE

DOCTEUR EN DROIT

ATTACHÉ A LA DIRECTION DE LA COMPAGNIE DES CHEMINS DE FER DE L'OUEST

PARIS

LIBRAIRIE NOUVELLE DE DROIT & DE JURISPRUDENCE

ARTHUR ROUSSEAU, ÉDITEUR

14, RUE SOUFFLOT, ET RUE TOULLIER, 13

1899

ETUDE

SUR LES

Rapports des Agents de Chemins de fer

AVEC LES

COMPAGNIES OU ADMINISTRATIONS QUI ONT ENGAGÉ LEURS SERVICES

ET AVEC L'ÉTAT

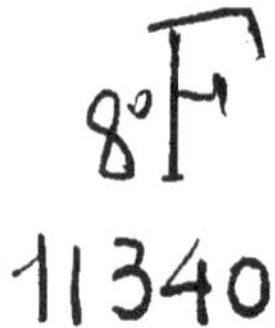

ÉTUDE

SUR LES

Rapports des Agents de Chemins de fer

AVEC LES

COMPAGNIES OU ADMINISTRATIONS QUI ONT ENGAGÉ LEURS SERVICES

ET AVEC L'ÉTAT

PAR

Paul HOUDAILLE

DOCTEUR EN DROIT

ATTACHÉ A LA DIRECTION DE LA COMPAGNIE DES CHEMINS DE FER DE L'OUEST

PARIS

LIBRAIRIE NOUVELLE DE DROIT & DE JURISPRUDENCE

ARTHUR ROUSSEAU, ÉDITEUR

14, RUE SOUFFLOT, ET RUE TOULLIER, 13

1899

INTRODUCTION

NOTIONS GÉNÉRALES SUR LE PERSONNEL DES CHEMINS
DE FER

L'industrie des chemins de fer emploie une variété
considérable de travailleurs : ingénieurs, agents de
contentieux, de finances, de comptabilité, de publicité,
dessinateurs, chimistes, électriciens, agents des trains
et des gares, poseurs de la voie, garde-barrières, mécaniciens, chauffeurs, aiguilleurs, ouvriers serruriers,
menuisiers, peintres, selliers des ateliers, autant de
fonctions diverses par les services qu'elles assurent, par
la responsabilité qu'elles entraînent et par les apti-
tudes qu'elles exigent.

Entre tous ces agents cependant, il existe un lien
commun, ils sont les membres actifs du grand organisme social, qu'est l'industrie des chemins de fer.

Nous allons étudier cet organisme en ce qui concerne
le personnel.

Dans une première partie nous ferons connaître les
rapports juridiques existant entre les Compagnies ou
administrations et leurs agents : le contrat qui les lie,
la manière dont il s'exécute, les conditions dans lesquelles il prend fin ; enfin les institutions patronales
créées par les Compagnies en faveur de leur personnel.

Dans une deuxième partie nous exposerons les responsabilités pénales que peuvent encourir les agents de chemins de fer du fait de leurs fonctions, et la responsabilité incombant aux Compagnies en raison des accidents dont leurs agents sont victimes.

Enfin, dans une troisième partie, nous ferons connaître la situation des agents vis-à-vis de l'État :

Les droits que l'État peut exercer à leur égard ;

Les pouvoirs et la protection qu'ils tiennent de la loi ;

Leur situation militaire et les questions soulevées en ce qui les concerne quant au droit de se syndiquer et de faire la grève.

NOTIONS GÉNÉRALES SUR L'ORGANISATION DES SERVICES

Une Compagnie des chemins de fer comprend, sauf quelques légères différences de groupement, les services suivants :

I. Administration centrale. — (Direction et Secrétariat général) placée sous la haute autorité du Directeur et du Secrétaire général ou Secrétaire de la Compagnie dont les bureaux assurent : 1° la réception et l'expédition de la correspondance, les relations avec l'Etat et les autorités administratives de tout ordre ; 2° la confection et la délivrance des permis et titres divers de circulation ; 3° l'immatriculation des agents, leurs rapports avec le service du recrutement ; 4° la publicité et les rapports avec la presse.

A cette administration se rattachent les services suivants : contentieux, service financier (comptabilité, caisse, titres), caisses de retraites et souvent aussi service médical, économat et œuvres de bienfaisance.

II. Exploitation. — Ce service, outre la direction générale confiée aux chefs et sous-chefs de l'exploitation, comprend d'une part des services *sédentaires* :

a) Service central (personnel, comptabilité et études techniques) ;

b) Services du mouvement (organisation générale de la marche des trains, préparation des transports militaires, réglementation des signaux et appareils de sécurité) ;

c) Service commercial (élaboration et revision des tarifs, examen des réclamations pour erreurs de taxation et de direction) ;

d) Service du contrôle et de la statistique.

Service actif. — Ce service comprend, sous l'autorité et la surveillance de chefs locaux ou régionaux (chefs de division, inspecteurs divisionnaires ou principaux, inspecteurs et sous-inspecteurs) :

Le personnel des gares chargé d'assurer les rapports avec le public, l'expédition et la réception des marchandises en grande et petite vitesse, la délivrance des billets, etc.).

Le personnel des trains chargé de la conduite et de la surveillance des trains de voyageurs et de marchandises.

III. Matériel et traction. — Ce service comprend, sous la direction et l'autorité de l'ingénieur en chef :

1° Des *services sédentaires* où sont étudiés d'une part les roulements de mécaniciens et chauffeurs et la circulation des machines locomotives, d'autre part les types de machines et voitures, les améliorations à apporter au matériel, en confortable et en sécurité ;

2° Un *service actif* de traction comprenant sous les

ordres de chefs régionaux de traction et de chefs locaux de dépôt de machines, les mécaniciens et chauffeurs, les graisseurs, etc. ;

3° *Des ateliers* de réparation et d'entretien (quelquefois même de construction) des machines locomotives, tenders, voitures et wagons.

IV. Voie. — Ce service comprend sous l'autorité et la direction d'un ingénieur en chef :

1° *Un service sédentaire* de bureaux et d'études, où sont étudiés les projets de remaniement de voies, de transformation de gares, de consolidation et d'amélioration des ouvrages d'art, d'appareils de sécurité, etc. ;

2° *Un service actif* qui assure l'entretien et la surveillance de la voie et des ouvrages d'art sous la direction d'ingénieurs régionaux et de chefs de section et comprend les équipes de poseurs de la voie, le personnel des garde-barrières, etc.

V. Construction. — Ce service a pour mission d'étudier, de préparer et de faire exécuter sous sa surveillance les travaux de lignes neuves.

Il comprend sous l'autorité et la direction de l'ingénieur en chef, des ingénieurs régionaux et des chefs locaux.

Il n'y a pas de personnel actif, les travaux sont exécutés par entreprise.

PREMIÈRE PARTIE

RAPPORTS DES AGENTS AVEC LES COMPAGNIES OU ADMI-
NISTRATIONS QUI ONT ENGAGÉ LEURS SERVICES.

CHAPITRE PREMIER

Formation du contrat.

SECTION PREMIÈRE. — CONDITIONS D'ADMISSION

I. — **Conditions générales.**

Les Compagnies sont libres de recruter leur personnel suivant les conditions qui leur paraissent le
mieux répondre aux besoins du service dont elles sont
chargées.

Leur responsabilité explique et justifie cette liberté.

Mais elles-mêmes ont posé des règles assez rigou-
reuses auxquelles il n'est dérogé que dans des cas
tout-à-fait exceptionnels ; en général les candidats à un
emploi dans les services de chemins de fer doivent
réunir les conditions suivantes :

1° *Conditions physiques.* — L'âge d'abord : sauf en
ce qui concerne les enfants d'agents admis par faveur
comme apprentis dans les ateliers ou comme élèves

dans les services, le candidat doit avoir au moins 21 ans. Il ne doit pas avoir dépassé 26 ans à l'Ouest, 28 à l'Est, 30 à l'Orléans et à Lyon, 34 au Nord où la limite peut, dans certains cas, être reculée à 35, au Midi 30 ans ; il doit justifier de ces conditions par un extrait de son acte de naissance.

Les Compagnies ont reporté par faveur spéciale à 36 et à 37 ans la limite d'âge pour les sous-officiers rengagés.

A l'Etat, l'âge minimum est de 18 ans, la limite supérieure est fixée à 30 ans pour les agents ordinaires, à 32 ans pour ceux qui sont sortis de certaines écoles ou pourvus de certains diplômes.

Ces conditions ne sont pas applicables aux candidats qui peuvent se réclamer de l'article 84 de la loi du 15 juillet 1889 sur le recrutement, c'est-à-dire qui comptent au moins 5 années de service actif, dont 2 comme gradé.

La santé des candidats fait l'objet d'un examen médical sérieux, les aberrations de la vision sont en particulier très soigneusement exclues.

2° *Conditions morales.* — On exige des candidats d'abord la production d'un extrait de leur casier judiciaire constatant qu'ils n'ont subi aucune condamnation.

Cette exigence paraît bien rigoureuse étant donné que le casier peut mentionner des condamnations de bien minime importance au point de vue moral.

En attendant que le projet de loi actuellement soumis au Sénat ait modifié les règles applicables au casier judiciaire, constatons que, dans les cas intéressants, certaines Compagnies s'entremettent pour faciliter aux candidats la réhabilitation nécessaire.

Le candidat doit produire, en outre, un certificat de bonne vie et mœurs ; enfin, il doit justifier qu'il a obtenu un certificat de bonne conduite s'il a passé sous les drapeaux.

3° *Conditions techniques.* — Les candidats sont soumis à un examen très simple, en général correspondant aux fonctions qu'ils doivent occuper.

II. — Conditions spéciales à certaines catégories.

1° *Les ingénieurs des ponts et chaussées et des mines* détachés au service des Compagnies sont soumis aux règles suivantes : D'abord, ils échappent, bien entendu, aux conditions d'âge que nous avons indiquées. De plus, leur situation vis-à-vis de l'Etat est réglée par le décret du 21 juillet 1897. Ils sont en congé illimité et conservent seulement pendant cinq ans leurs droits à l'avancement et à la retraite.

2° *Les mécaniciens* doivent, aux termes de l'art 74 de l'Ordonnance de 1845, être titulaires de certificats de capacité délivrés dans les formes déterminées par le Ministre des Travaux publics.

Un arrêté ministériel de 1892 (3 mai) a réglementé les conditions à remplir pour l'admission aux emplois de mécaniciens et de chauffeurs.

Ce sont les suivantes :

1° Être Français ou naturalisé ;

2° Examen médical portant spécialement sur la vue et l'ouïe ;

3° Examen technique et essais pratiques.

Le mécanicien doit, de plus, avoir fait le service de chauffeur pendant six mois.

SECTION II. — Admission des candidats (caractère conféré aux agents par le contrat)

Les candidats qui remplissent les conditions ci-dessus indiquées et qui sont agréés par la Compagnie, sont admis à l'emploi auquel ils ont été reconnus propres.

Le contrat qui intervient entre eux et la Compagnie est *un louage de service de durée indéterminée ;* il se forme *solo consensu.*

En fait, les Compagnies font en général signer aux agents qui entrent à leur service, une formule d'acceptation des règlements. Notons que les agents de chemins de fer ne doivent pas être considérés comme des serviteurs ou domestiques, et que leur témoignage en justice ne saurait, par suite, être reproché, aux termes de l'article 283 du Code de procédure civile, dans les procès intéressant la Compagnie (Cass., 29 décembre 1880, D., 81, I, 200).

De même la Compagnie n'est pas imposable à la contribution des prestations en nature dans les communes où elle a des employés (Cons. d'Ét., 18 août 1857, D., 58, 3, 34).

CHAPITRE II

Exécution du contrat.

———

SECTION PREMIÈRE. — Exécution par l'agent

L'agent doit accomplir le travail dont il est chargé en se conformant aux règlements.

Nous examinerons d'abord quelles sont les conditions du travail sur les chemins de fer.

Nous verrons très sommairement quelles sont les pénalités réglementaires destinées à maintenir la discipline et à assurer la bonne exécution du service.

Enfin, par voie de corrélation, nous indiquerons quelles sont les récompenses réglementaires que peuvent obtenir les agents.

I. — Conditions du travail.

Les conditions du travail sont déterminées par les règlements intérieurs des Compagnies en vue de la meilleure utilisation possible du personnel pour assurer le service.

L'Etat tient de la législation spéciale aux chemins de fer certains droits de contrôle et d'intervention à cet égard.

Indépendamment de l'article 9 de la loi du 11 juin 1842 et de l'article 33 du cahier des charges qui lui donnent le pouvoir général d'édicter, si cela est nécessaire, des règlements d'administration publique pour garantir la police, la sûreté, l'exploitation et la conservation du chemin de fer et de ses dépendances, il tient de l'article 3 de l'Ordonnance du 15 novembre 1846 le droit de déterminer, la Compagnie entendue, le nombre des gardiens préposés à la surveillance et à la manœuvre des aiguilles.

L'article 18 de la même Ordonnance lui permet de déterminer le nombre des conducteurs-garde-freins des trains de voyageurs.

L'article 31 de l'Ordonnance dispose de même pour les agents chargés de veiller à l'entretien et à la surveillance de la voie, d'assurer la libre circulation des trains et la transmission des signaux.

L'article 31 du cahier des charges contient une disposition analogue en ce qui concerne les agents chargés d'assurer la sécurité des trains sur la voie et la garde des passages à niveau.

Enfin, les articles 60 et 69 de l'Ordonnance imposent aux Compagnies de soumettre tous leurs règlements relatifs au service et à l'exploitation du chemin de fer, à l'approbation du Ministre des Travaux publics.

Les pouvoirs généraux que l'Etat tient des textes précités et qui ont pour raison principale l'intérêt que présente la sécurité des voies ferrées, ont permis aux pouvoirs publics d'intervenir auprès des Compagnies pour déterminer certaines conditions essentielles du travail pour plusieurs catégories d'agents.

C'est ainsi qu'une circulaire ministérielle du 3 mai 1864, confirmée par celle du 6 novembre 1894, a fixé à 12 heures la durée maxima du travail journalier des *aiguilleurs*.

En ce qui concerne les *mécaniciens* et *chauffeurs*, la circulaire ministérielle du 4 mai 1894 a réglementé de la façon suivante la durée du travail : la journée de travail doit contenir en moyenne 10 heures de travail effectif au plus et 10 heures de repos ininterrompu au moins.

Chaque période de travail doit être comprise entre deux repos ininterrompus de 10 heures au moins à la résidence, 7 heures au moins hors de la résidence, et ne pas contenir plus de 12 heures de travail effectif.

On compte comme travail effectif tout le temps pendant lequel les mécaniciens et chauffeurs sont tenus de rester sur leur machine ou à proximité, ou bien ont un travail à effectuer dans les dépôts et ateliers.

La durée maxima du travail journalier dans ces conditions est de 12 heures, la durée moyenne de 10 heures.

Une circulaire postérieure du 30 juillet 1896 avait prescrit l'affichage dans les dépôts des relevés mensuels des dérogations aux règles ci-dessus.

Mais cet affichage a cessé d'être obligatoire depuis la circulaire du 11 mai 1897.

Les roulements des mécaniciens et chauffeurs sont communiqués à l'Administration à chaque changement de service. Il lui est également donné, périodiquement, connaissance des dérogations à ces roulements.

Pour les *agents de gares*, la circulaire ministérielle du 6 novembre 1894 a fixé comme suit la durée minima du repos ininterrompu : 7 heures, si le chef de station jouit, pendant sa durée de présence en service, en dehors des heures de repas, d'un repos continu supplémentaire de 4 heures ; 7 heures 30, si ce repos continu supplémentaire est de 3 heures ; 8 heures, si le repos est insuffisant. Dans ce cas la Compagnie doit le faire aider par un auxiliaire pendant une partie de la journée.

La circulaire ministérielle du 11 octodre 1897 a supprimé, comme pour les mécaniciens, l'affichage obligatoire des relevés mensuels des dérogations à ces règles dans les bureaux des gares et permis de faire descendre au-dessous de 7 heures la durée du repos ininterrompu, après autorisation spéciale du Ministre, quand les conditions particulières du service l'exigent.

D'autre part, aux termes d'un arrêté ministériel en date du 1er août 1898, les gares ne sont en principe ouvertes à la livraison et à la réception des marchandises de petite vitesse que de 6 heures du matin à 6 heures du soir du 16 mars au 15 octobre, et de 7 heures du matin à 5 heures du soir du 16 octobre au 15 mars. Les dimanches, la fermeture a lieu à 9 heures du matin.

Ajoutons que les règlements intérieurs des Compagnies accordent aux agents un congé annuel avec solde dont la durée minima est de 12 à 15 jours suivant les réseaux.

Sur tous ces points (durée du travail et des repos, congés), la Chambre des Députés a adopté le 17 décembre 1897 une proposition de loi actuellement soumise au Sénat, déposée par M. Berteaux et substituée sans discussion à deux textes dont l'un longuement étudié par la Commission du travail avait fait l'objet d'un rapport de M. Descubes, et dont l'autre émanait du Ministre des Travaux publics ; cette proposition s'applique aux mécaniciens, chauffeurs et agents des trains.

L'article 1ᵉʳ de cette proposition fixe à 10 heures sur 24 heures la durée maxima du travail (§ 1).

Il dispose qu'on comptera comme période de travail, pour les mécaniciens et chauffeurs, le temps écoulé entre l'entrée et la sortie du dépôt, pour les conducteurs et garde-freins, le temps écoulé entre l'entrée à la gare et la sortie (§ 2).

Il fixe à 10 heures au minimum le repos ininterrompu qui devra suivre obligatoirement chaque période de travail (§ 3).

Il assigne le caractère de travail au temps d'arrêt entre deux trains ou battement lorsqu'il n'atteint pas 4 heures (§ 4).

Enfin, il assigne le même caractère à la réserve qui est le temps passé à disposition (§ 5).

L'article 2 édicte des sanctions pénales :

1° Contre le chef de service qui aurait fait ou laissé partir un agent sous ses ordres en contrevenant à l'article 1ᵉʳ : peines de l'article 21 de la loi du 15 juillet 1845 (amende de 16 fr. à 3,000 fr. portée au double en cas de récidive, et dans ce cas, possibilité d'un emprisonnement de 3 jours à un mois) ;

2° Contre ce même chef de service, au cas d'accident imputable à la fatigue de l'agent, au cours du trajet consécutif à l'ordre donné : peines de l'art. 19 (A. Au cas de blessures : emprisonnement de 8 jours à 6 mois et amende de 50 fr. à 1,000 fr. ; B. Au cas de mort : emprisonnement de 6 mois à 5 ans et amende de 300 fr. à 3,000 fr.).

L'art. 3, absolument étranger à la matière, définit les règles de compétence *ratione loci*, en ce qui concerne les actions intentées par les mécaniciens, chauffeurs et agents des trains aux Compagnies à raison des accidents dont ils sont victimes.

Il déclare compétents :

1º Le tribunal du siège social,

2º Celui du lieu de l'accident,

3º Celui du lieu le plus rapproché du domicile de la victime au jour de l'accident et dans lequel la Compagnie a une gare succursale.

On peut se demander quelle est l'utilité de cette disposition, car tous ces tribunaux sont dès maintenant compétents.

L'art. 4 dispose que les agents auront droit :

1º Tous les 10 jours à un congé de 24 heures consécutives ;

2º Tous les ans à un congé de 15 jours suivant leur demande.

Il ajoute que ces congés ne pourront se confondre avec les heures de repos légal.

Nous retrouverons plus loin les art. 6 et 7.

Nous n'insisterons pas outre mesure sur ces dispositions.

Notons, tout d'abord, qu'elles ont été votées très rapidement par la Chambre des députés, à la veille de l'expiration de son mandat, et substituées presque sans discussion à deux textes élaborés, l'un par le Ministre des Travaux publics, l'autre par la Commission du travail, et cela dans des conditions telles que le Ministre et le rapporteur ont déclaré se désintéresser de la discussion.

Leur adoption entraînerait les plus graves conséquences au point de vue des roulements à établir pour la marche des trains ; les tracés de ceux-ci sont en effet déterminés par les conditions géographiques des réseaux, et non par une conception abstraite et absolue de la durée du travail.

En ce qui regarde les congés (51 jours par an), on peut évaluer, en ne tenant compte que des 35 jours de congé décadaire, que l'adoption de l'article 4 majorerait de 1/10e par an les frais de salaire du personnel des trains.

II. — **Pénalités réglementaires.**

L'agent qui s'acquitte mal de son service, qui commet des fautes contre les réglements, contre la discipline, contre la tempérance, contre la sécurité, contre l'honnêteté, peut être en général puni des peines ciaprès :

Peines morales : réprimande, blâme, dernier avertissement.

Peines pécuniaires : Mise en charge pour erreurs de taxation ou de direction, amendes, suspension de traitement.

Peines touchant à l'emploi lui-même : Suspension ou mise à pied, déplacement par mesure disciplinaire, rétrogradation de classe ou de grade, radiation des cadres et révocation.

Aux termes de l'article 6 de la proposition de loi Berteaux, soumise au Sénat, les agents du service des trains (mécaniciens, chauffeurs, conducteurs-gardefreins) ne devraient en aucun cas « être frappés d'amendes ou retenues sur leurs salaires ou leurs primes ».

Nous trouvons une interdiction analogue dans la proposition de loi sur le paiement des salaires, adoptée par la Chambre le 8 décembre 1898 et transmise au Sénat, mais ici l'interdiction s'applique à tous les ouvriers et employés.

Ces dispositions nous paraissent très fâcheuses. Dans des entreprises comme les Compagnies de chemins de fer où la discipline est un facteur essentiel, des peines disciplinaires sont nécessaires ; l'amende, la mise à pied inciteront toujours plus fortement l'agent à améliorer sa conduite que les peines purement morales. Le personnel sait d'ailleurs qu'aucune pensée d'économie sur les salaires ne peut motiver l'application de ces peines, puisque, réglementairement, sur tous les réseaux, le produit des amendes est versé soit à la caisse de secours, soit à la caisse des retraites.

L'adoption de ces mesures serait donc très fâcheuse pour la discipline. Elle présenterait aussi de graves inconvénients pour le personnel en ne laissant aux chefs responsables, lorsque les pénalités morales seraient insuffisantes, que la ressource des peines beaucoup plus graves touchant à l'emploi lui-même, comme la rétrogradation.

III. — Récompenses réglementaires.

Par contre, l'agent qui remplit ses fonctions avec zèle, peut être récompensé, soit par une citation ou mise à l'ordre du jour, dans l'ordre moral, soit par une prime ou gratification dans l'ordre simplement pécuniaire, soit par le classement ou commissionnement dans son emploi ou par un avancement de chiffre de classe ou de grade.

Ici, quelques explications très brèves sont nécessaires en ce qui concerne le classement ou commissionnement.

Cette mesure a de grand avantages pour l'agent. Le plus souvent d'abord, c'est du classement que courent les droits à la retraite.

C'est aussi le classement qui donne à l'emploi sa stabilité, l'agent classé est moralement assuré de conserver son emploi s'il ne démérite pas.

Mais il ne faudrait pas exagérer la portée de cette mesure, elle ne constitue pas un engagement de la part de la Compagnie. Elle ne peut donc avoir pour effet de changer la nature du contrat, et de le transformer, comme on l'a soutenu jadis à la Chambre des Députés, en contrat de longue durée.

SECTION II. — Exécution du contrat par la compagnie ou administration. — Paiement du salaire.

Elle s'est engagée à payer un salaire déterminé par ses règlements intérieurs.

I. — Paiement du salaire.

Il a lieu au mois pour les agents classés ou commissionnés et en général pour ceux qui sont à l'étude d'un emploi entraînant classement ou commissionnement.

Les ouvriers des ateliers sont payés ordinairement à la semaine ou à la quinzaine.

Les agents en régie généralement à la quinzaine.

Enfin, certains supplémentaires ou auxiliaires sont payés à la journée.

Nous n'insistons pas d'ailleurs sur ces règles très variables suivant les Compagnies et qui ne présentent qu'un intérêt secondaire puisqu'en contractant et en acceptant tel emploi, l'agent savait de quelle manière il serait payé, mais nous avons à examiner les causes extérieures qui peuvent empêcher les agents de toucher le prix de leur travail.

II. — Saisie-arrêt. — Délégations. — Retenues sur les traitements et salaires.

Nous avons à examiner dans quelle proportion les traitements des agents peuvent être saisis-arrêtés par leurs créanciers, dans quelle mesure ils peuvent en faire cession à des tiers, dans quelle mesure enfin les Compagnies peuvent opérer des retenues sur les salaires de leurs agents.

La loi du 12 janvier 1895 a fait une situation spéciale : 1° aux agents ayant le caractère d'ouvriers et de gens de service ; 2° aux employés dont le traitement n'excède pas 2,000 fr.

En ce qui les concerne, elle fixe :

A 1/10ᵉ la partie saisissable par les créanciers (sauf exception en ce qui concerne les oppositions pour dettes alimentaires) ;

A 1/10ᵉ la partie qui peut être cédée par l'agent ;

A 1/10ᵉ la partie qui peut être retenue par le patron, et seulement pour ses avances espèces.

Ainsi les employés de chemins de fer qui sont sous le régime de cette loi sont assurés de toucher toujours au moins 7/10ᵉ de leur traitement. A quels agents s'applique-t-elle ?

Nous croyons qu'il faut entendre par ouvriers et gens de service, outre les ouvriers des ateliers, tous les agents qui se livrent à un travail purement manuel.

Quant aux agents dont le traitement n'excède pas 2,000 fr., il faut entendre par là ceux dont le traitement fixe s'arrête à ce chiffre, quand bien même des gratifications, des travaux supplémentaires ou d'autres accessoires du salaire viendraient le majorer.

En dehors de ces deux catégories, c'est le régime du droit commun.

En principe, donc, c'est d'abord la saisissabilité absolue par application des art. 2092 et 2093 du Code civil, suivant lesquels tous les biens du débiteur sont le gage commun de ses créanciers.

Mais, en opposition à ce principe écrit dans la loi, une jurisprudence d'équité a depuis longtemps formulé un autre principe suivant lequel les tribunaux ont le droit d'apprécier si les salaires ou traitements peuvent être considérés comme alimentaires et affranchis à ce titre, pour tout ou partie de la saisie-arrêt. Cette jurisprudence, que la Cour de cassation a faite sienne en 1860 et en 1878, a inspiré la loi de 1895, en ce qui concerne la limitation de la saisie-arrêt.

Les Compagnies de chemins de fer s'en sont inspirées également dans la réglementation qu'elles appliquent en fait aux oppositions dont sont frappés les traitements supérieurs à 2,000 fr.

Nous allons exposer rapidement le système suivi par chaque Compagnie.

Nord : retenue de 1/5ᵉ sur les premiers 1,000 fr. ; retenue de 1/4ᵉ au-dessus ;

Est, Lyon : retenue uniforme de 1/5e.

Midi : retenue de 1/5e uniforme.

Orléans : retenue de 1/10e sur les premiers 2,000 fr.; retenue de la totalité du salaire au-delà de 2,000 fr. ;

Ouest : retenue de 1/10e sur les premiers 2,000 fr.; retenue de 1/5e au-dessus.

Ainsi qu'on le voit, ces deux dernières Compagnies dans le régime qu'elles appliquent aux oppositions, ont cherché à assurer à tout leur personnel, comme un minimum, le bénéfice de la loi de 1895.

L'Etat, qui considère ses agents comme des fonctionnaires, leur applique la loi du 21 ventôse an IX, c'est-à-dire retenue de 1/5e sur les premiers 1,000 fr., d'un quart sur les 5,000 fr. suivants, et d'un tiers au-delà.

En ce qui concerne le mode d'agir des Compagnies, s'il n'échappe pas à toute critique, au point de vue des principes, il se justifie dans la pratique parce qu'il est sans exemple qu'un tribunal ait étendu la saisissabilité au-delà des limites fixées par les Compagnies ; il serait d'ailleurs monstrueux en logique qu'un agent passant du traitement de 2,000 fr. à un traitement supérieur fût exposé à voir son traitement saisi en entier alors que la veille il était assuré de 1,800 fr. insaisissables.

En ce qui concerne les cessions ou transports de traitement, la même jurisprudence n'existant pas, les Compagnies n'ont pas eu la même liberté pour défendre leurs agents.

Et cependant il s'agit ici des créanciers les moins intéressants, de vendeurs ou prêteurs, en petit nombre d'ailleurs, tous trop connus des Contentieux des Compagnies qui, par leurs offres de crédit, entraînent les agents à des dépenses exagérées et, lorsqu'ils les tiennent à leur discrétion, les exploitent sans merci jusqu'au dernier sou.

Mais les Compagnies sont désarmées ; les unes, le Nord et Lyon par exemple, interdisent sévèrement les cessions de traitement.

La plupart essaient d'obtenir des arrangements des cessionnaires.

La Compagnie d'Orléans a même porté· la question devant le juge des référés et obtenu de lui qu'il limite à $1/5^e$ l'effet d'une cession totale du salaire (Affaire Neyrat-Seine, 21 août 1898).

Le remède sur ce point comme en ce qui regarde la saisissabilité, nous paraît être dans une modification de la loi de 1895.

L'occasion serait propice ; le Sénat est saisi d'un projet adopté par la Chambre et qui modifie les règles de procédure posées par cette loi en matière de saisie-arrêt.

Il suffirait, pour garantir à tous les salariés le minimum nécessaire à l'existence, de substituer au texte actuel la rédaction primitivement adoptée par la Chambre et qui déclarait tout traitement jusqu'à concurrence de 2,000 fr. insaisissable pour plus de $1/10^e$ et incessible dans la même mesure.

Il ne semble pas qu'on y ait songé, bien que la dernière législature de la Chambre ait été saisie par M. Plichon d'une proposition en ce sens.

Mais dans la mesure de la loi de 1895, la commission sénatoriale cherche à réaliser une réforme considérable.

Pour les ouvriers et employés visés par cette loi,

elle s'est demandé s'il n'y aurait pas lieu de rendre le salaire absolument insaisissable, ainsi que cela existe déjà en Angleterre, en Allemagne, en Norwège, en Hongrie, en Espagne et en Russie.

Le Ministre du Commerce et de l'Industrie, par circulaire du 7 avril 1899, a demandé à ce sujet l'avis motivé des grands industriels et notamment des Compagnies de Chemins de fer.

Cet avis n'est pas doûteux ; ce que nous avons dit des cessionnaires ou délégataires de traitements s'applique, en effet, le plus souvent, aux créanciers opposants.

Il n'y a pas lieu de s'arrêter à cette idée, que l'insaisissabilité absolue retirerait du crédit aux agents ; ce qu'ils perdraient, c'est la facilité de s'endetter inutilement.

Il serait donc à souhaiter que le Sénat adoptât le principe de l'insaisissabilité absolue des petits salaires.

On peut d'ailleurs s'étonner que la tentative de réforme ne s'étende pas à l'incessibilité, les raisons étant absolument les mêmes.

CHAPITRE III

Rupture du Contrat de louage passé entre les Compagnies ou Administrations et leurs Agents

SECTION PREMIÈRE — Comment le contrat peut prendre fin.

Le contrat peut prendre fin de plusieurs manières.

D'abord par décès de l'agent en service ; il y a lieu, dans ce cas, soit à application aux veuves et aux enfants des règles que nous allons indiquer en ce qui regarde les retraites, soit à des mesures de pure bienveillance (allocations après décès, etc.)

Le contrat prend fin également par la mise à la retraite et, dans ce cas, ses effets, en ce qui concerne la pension et la réversibilité de celle-ci, lient encore la Compagnie envers le retraité et sa famille.

En troisième lieu, le contrat peut être rompu d'un commun accord, mais cet accord prendra généralement, en fait, la forme d'une démission acceptée.

Enfin, le contrat peut prendre fin par un acte unilatéral de volonté de l'une des parties, démission ou révocation.

Nous allons examiner quel est, en cette matière, le droit rigoureux de chacun des contractants et quelles conséquences peut entraîner son application abusive.

Notons, avant d'entrer dans cet examen, que la loi du 2 juillet 1890 sur l'abrogation des dispositions relatives aux livrets d'ouvriers (art. 3), donne à tout agent quittant le service le droit d'exiger, sous peine de dommages-intérêts, un certificat contenant exclusivement la date de son entrée, celle de sa sortie et l'espèce de travail auquel il a été employé.

SECTION II. — RUPTURE DU CONTRAT PAR UN ACTE UNILATÉRAL DE L'UNE DES PARTIES.

Droit réciproque de rompre « ad nutum ».

Le contrat peut être rompu par un acte unilatéral de volonté de l'une des parties ; révocation de l'agent quand la Compagnie prend l'initiative de la rupture ; démission quand c'est l'agent qui veut mettre fin au contrat.

Cette possibilité de rompre à toute époque est un droit absolu pour chacun des contractants, droit qui a sa racine dans la Déclaration des droits de l'homme.

L'article 15 de la Déclaration des droits qui sert de préambule à la constitution du 5 fructidor an III dit expressément :

« Tout homme peut engager son temps et ses servi-
« ces mais il ne peut se vendre ni être vendu, sa
« personne n'est pas une propriété aliénable ».

L'article 1780 du Code civil de 1804, appliquant ce principe, disait à son tour « on ne peut engager ses services qu'à temps ou pour une entreprise déter-minée » interdisant ainsi le louage perpétuel de services.

On a remarqué que cet article ne visait en termes exprès que les deux contrats de louage les plus usités à l'époque de sa rédaction ; le louage pour un temps déterminé, le louage borné à la durée d'une entreprise. Il est muet en ce qui concerne le louage fait pour une durée indéterminée.

Ce dernier contrat a pris, depuis la promulgation du Code, une importance capitale ; il est de beaucoup le plus fréquent, il se prête à merveille aux nécessités industrielles ; il devait donc susciter des conflits nombreux, spécialement au cas de rupture.

Aussi la jurisprudence a-t-elle été amenée à faire en ce qui le concerne, une œuvre analogue à celle du Préteur du Droit romain et, dans le silence du Code, elle a tiré le droit des principes. De l'interdiction du louage perpétuel formulée par *a contrario* dans l'art. 1780, elle a déduit le droit réciproque de rompre à tout moment le louage de durée indéterminée qui, sans cette faculté, équivaudrait au louage perpétuel.

Le législateur à son tour, a voulu donner à cette jurisprudence la force immuable de la loi, et l'art. 1780, complété par la loi du 27 décembre 1890, proclame aujourd'hui le principe constamment appliqué jusque-là par la jurisprudence. « Le louage des services fait sans « détermination de durée peut toujours cesser par la « volonté d'une des parties contractantes ».

Cette disposition, est-il besoin de le dire, a le caractère d'ordre public.

SECTION III. — DE LA RÉPARATION DES DOMMAGES CAUSÉS PAR UNE RUPTURE ABUSIVE

Mais, n'y a-t-il pas des cas où l'exercice de ce droit est abusif et peut donner lieu à des réparations pour la partie lésée par la rupture ?

Nous examinerons, tout d'abord, les règles posées et maintenues avec une grande fermeté par la Cour de cassation dont la jurisprudence a seule fait loi pendant si longtemps.

Puis, nous verrons quel est le sens exact des dispositions par lesquelles la loi de 1890 a complété l'art. 1780 et nous examinerons les décisions qui en ont fait l'application.

1° Jurisprudence antérieure à la loi du 27 décembre 1890.

La Cour suprême a consacré, de 1872 à 1881, de nombreux arrêts aux litiges soulevés par la rupture du contrat de louage de durée indéterminée passé entre les Compagnies et leurs agents.

Les règles qu'elle pose sont les mêmes dans tous ces arrêts, dont la rédaction est presque toujours identique.

Le premier arrêt sur la matière est celui du 5 février 1872 (affaire Falcoz).

Le jugement attaqué avait accordé des dommages-intérêts à un agent révoqué par sa Compagnie, en se basant sur ce qu'une Compagnie ne pouvait, sans violer l'article 1382 du Code civil, renvoyer ses agents *sans indemnité et sans motifs légitimes ;*

La Cour réforma le jugement avec les attendus ci-dessous.

« Vu l'article 1382.

« Attendu que *nul n'est en faute* et passible de « dommages-intérêts *s'il ne fait qu'user* de son droit.

« Attendu qu'il est de principe que le louage de « services sans détermination de durée *peut toujours* « *cesser* par la libre volonté de l'un ou de l'autre des « contractants.

« En observant toutefois les délais de congé com-
« mandés par l'usage.

« Ainsi que les *autres conditions expresses ou tacites*
« de l'engagement.

« Attendu que le jugement attaqué, sans constater,
« de la part de la Compagnie, aucune infraction à ces
« conditions, ni *aucune faute*,

« Se fondant uniquement sur ce qu'il ne peut être facul-
« tatif à une Compagnie de chemins de fer de renvoyer
« ses employés *sans indemnité et sans motifs légitimes*
« ..... qu'en statuant ainsi ledit jugement a fausse-
« ment appliqué et par suite violé l'article 1382.

» Casse..... » (Ch. civ., arrêt du 5 février 1872,
D., 73, I, 64).

L'arrêt rendu le même jour dans l'affaire Catrin est
identique (D., 73, I, 64).

En 1873 et 1874 nous trouvons trois arrêts dans le
même sens, avec les mêmes attendus (Cass., Ch. civ.,
5 août 1873 (Remlinger), D., 74, I, 66 ; Cass., Ch.
civ., 5 août 1873 (Génin), D., 74, I, 66 ; Cass., Ch.
civ., 28 avril 1874 (Michotey), D., 74, I, 304.

En 1875, la Cour rend un arrêt dont la rédaction
s'écarte de la précédente mais qui renferme les mêmes
points de droit et les mêmes constatations de fait et
qui serre de plus près la question du renvoi sans
motifs légitimes.

« Attendu que Ronot avait loué ses services pour
« une durée indéterminée, que, par conséquent, la
« Compagnie pouvait congédier son employé.

« En observant les délais commandés par l'usage
« et les conditions expresses ou tacites du contrat,
« mais *sans avoir à rendre compte des motifs de sa*
« *détermination.*

« Attendu que le jugement ne relève contre la Com-
« pagnie aucune infraction aux obligations du contrat.

« Que la Compagnie, en congédiant Ronot, a usé
« d'un droit consacré par la loi et que n'ayant pas
« commis de faute elle n'est passible d'aucune répa-
« ration.

« Attendu que le jugement attaqué condamne la
« Compagnie..... *uniquement pour avoir renvoyé*
« *Ronot sans motifs légitimes...*

« Casse (Cass., Ch. civ., 10 mai 1875, D., 75, I, 198).

En 1876, arrêt identique à l'arrêt Falcoz, pour la
partie de droit, mais dont la partie de fait est intéres-
sante.

« ...Attendu que le jugement ne constate pas qu'un
« délai de louage eût été stipulé ou sous-entendu entre
« les parties.

« ... Qu'il déclare lui-même *qu'aucun usage bien*
« *défini ne détermine la durée exacte* du prétendu
« délai auquel seraient assujetties les Compagnies de
« Chemins de fer vis-à-vis de leurs agents, avant de les
« congédier... (Cass., Ch. civ., 10 mai 1876, D., 76,
« I, 424).

Enfin, en 1879 et 1881, deux arrêts sont rendus par
la Cour en application des mêmes principes (Cass.,
Ch. civ., 4 août 1879, D., 80, I, 272 ; Cass., Req.,
2 mai 1881, D., 82, I, 164).

Si nous résumons cette jurisprudence en complétant
les principes de droit par les points de fait constatés
dans les arrêts, nous pouvons poser la règle suivante
en matière de rupture de louage de services entre
Compagnies et employés.

En droit :

1º Il est de principe que le louage de services fait sans détermination de durée peut toujours cesser par la libre volonté de l'un des contractants (Tous les arrêts).

2º L'usage de ce droit, consacré par la loi (arrêt du 10 mai 1875) ne saurait constituer une faute ni rendre passible de dommages-intérêts (Tous les arrêts).

3º Il en serait autrement si celui qui rompt avait négligé d'observer les *délais* de congé fixés :

a) Par *l'usage* (tous les arrêts).

b) Ou *par la convention* des parties (arrêt de 1875),

4º Ou s'il avait violé quelque autre *condition expresse ou tacite de l'engagement* (tous les arrêts).

5º Ou si l'on fournissait la preuve qu'il y eût *faute* de sa part (tous les arrêts).

En fait :

6º *Aucun usage* bien défini ne détermine le prétendu délai auquel seraient assujetties les Compagnies pour résilier le contrat (arrêt du 10 mai 1876).

7º *L'absence de motifs légitimes*, chez celui qui rompt ne le constitue pas en *faute* (tous les arrêts).

8º Car il n'a pas à rendre compte des motifs de sa détermination (arrêt du 10 mai 1876).

Ainsi, liberté absolue de rompre sans que l'usage de cette liberté puisse, par lui-même, constituer une faute et sans qu'il y ait à rendre compte des motifs de la rupture mais possibilité pour la partie lésée d'obtenir une indemnité de *congé* si les délais fixés par l'usage ou la convention n'ont pas été observés (la Cour admettant en fait qu'il n'y a pas d'usage en ce qui concerne les chemins de fer) ; une indemnité de *renvoi abusif*, si la partie qui rompt a violé pour le faire une clause expresse ou tacite du contrat, ou si elle a commis une faute engageant sa responsabilité.

Notons dès à présent que, pour nous, l'indemnité de congé a sa base dans les articles 1134 et 1135 du Code civil, l'indemnité de renvoi abusif dans les mêmes articles au cas de violation d'une clause du contrat et dans l'article 1382 seulement au cas de faute.

Cette jurisprudence se passe de commentaires ; elle fait admirablement ressortir les principes sur lesquels elle repose, et tout à la fois, les erreurs commises par les juges du fait dans l'application de ces principes.

Des Tribunaux, des Cours d'appel avaient jugé, dans le plus grand nombre des décisions cassées par la Cour suprême, qu'une Compagnie de chemins de fer ne peut, sans tomber sous le coup de l'art. 1382, révoquer un agent sans motifs légitimes à moins de lui accorder une indemnité suffisante (Cf. C. Paris, 17 août 1872 ; C. Bordeaux, 2 mars 1872 ; Trib. comm. Chambéry, 1er février 1872 ; Trib. comm. Dôle, 29 mars 1873, etc.), plus rarement, qu'elle doit au moins observer les délais fixés par l'usage, sans indiquer d'ailleurs de quoi résultait cet usage (Cf. C. Alger, 4 juin 1877).

Mais la jurisprudence de la Cour de cassation avait eu raison de ces erreurs et faisait loi d'une façon absolue dès 1879.

Opinion des auteurs.

Voyons maintenant quelles étaient sur ce point les solutions de la doctrine :

Aubry et Rau (t. IV) enseignaient que « chacune

« des parties peut rompre instantanément le contrat,
« mais que si la rupture a lieu *sans motifs légitimes*,
« celui qui en est l'auteur doit indemniser l'autre du
« préjudice que cette rupture lui fait éprouver.

C'est, on le voit, la thèse condamnée par la Cour de
cassation.

LAURENT (t. XXX, nos 511 et suiv.) va plus loin ; il
soutient que le contrat ne devrait être rompu qu'en
vertu d'un jugement et critique formellement l'opinion
générale suivant laquelle le congé donné par l'une ou
l'autre des parties suffit à rompre la convention, par
analogie, dit-il, avec le louage de choses.

Suivant lui, sauf le cas de consentement mutuel, le
contrat ne peut prendre fin que pour les causes que la
loi autorise, et il n'y a d'autre cause légale de résolution que celle qui résulte de l'article 1184 (inexécution
des obligations réciproques).

Il soutient, d'ailleurs, que le droit de donner congé
ne respecte pas la légalité entre les parties, le patron
trouvant plus facilement un nouvel employé que le
salarié un nouvel emploi.

Que si l'on admet le droit de congé, encore faut-il
que le congédiant donne à l'autre partie un délai
suffisant sans quoi il y aura lieu à indemnité.

Au point de vue spécial des agents de chemins de
fer il critique l'arrêt de 1872 (Affaire Falcoz) rapporté
plus haut et trouve qu'on pouvait admettre que les
agents de chemin de fer n'ont traité que « sous la
« *condition tacite* de n'être pas renvoyés sans dédom-
« magement quand la révocation à lieu sans qu'il y
« ait une faute à leur reprocher.

Enfin, il condamne l'application à la matière de

l'article 1382 « qui, concernant les délits et les quasi-
« délits, doit être écarté lorsqu'il s'agit, non d'un fait
« dommageable commis en dehors de toute conven-
« tion, mais de l'exécution d'un contrat ».

« Si, dit-il, le patron congédiant ne fait qu'user de
« son droit, il ne peut y avoir ni délit, ni quasi-délit
« à moins qu'on ne suppose que la révocation a eu
« lieu dans le *but de nuire*, ce qui n'a jamais été
« prétendu ».

En résumé, LAURENT n'admet la rupture sans indem·
nité qu'au cas où la partie qui *reçoit* congé n'a pas,
elle-même, tenu ses engagements.

Par contre, M. GUILLOUARD, dans son *Traité du
louage* (Nos 718 et suivants), enseigne une doctrine
conforme à la jurisprudence de la Cour de cassation
et qui semble même plus étroite.

Selon lui, chacune des parties peut mettre fin à la
convention « quand bon lui semble en donnant congé
« à l'autre dans le délai fixé par l'usage des lieux ».

Il admet l'indemnité au cas de violation de ce délai
(Nos 718 à 720).

Il l'admet également, au cas où le règlement de la
Compagnie porterait par exemple qu'il ne peut y avoir
renvoi que pour motifs graves, si cette condition n'est
pas remplie (No 726), c'est le cas d'une violation d'une
clause de contrat.

Il l'admet encore lorsque le contrat de louage participe d'un autre contrat : si, par exemple, l'emploi a été
accordé à l'agent à la suite de blessures reçues dans
des conditions impliquant la responsabilité de la Compagnie (No 723).

Enfin, il admet que le cas de force majeure ou
l'inexécution de l'engagement par l'une des parties

permet à l'autre de rompre, sans être tenue de payer l'indemnité qui pourrait être exigible pour une des raisons ci-dessus.

On voit que ce système ne tient pas compte de la faute délictuelle possible dans l'usage du droit de révocation, ainsi que le faisait la Cour de cassation.

Examen des critiques adressées à la jurisprudence de la Cour de cassation.

Le droit de révocation reconnu aux Compagnies par la jurisprudence de la Cour de cassation a donné lieu à de nombreuses protestations dans les Assemblées parlementaires de la part de ceux qui s'étaient constitués tout à la fois les défenseurs des agents et les adversaires des Compagnies.

Dès 1874, devant l'Assemblée nationale (Exposé des motifs de la proposition de loi de MM. Cazot, Millaud, etc., annexe à la séance du 3 août) puis devant la Chambre des députés, en 1879 (Rapport sommaire de M. G. Casse, annexe à la séance du 20 février), en 1880, (Exposé des motifs de la proposition de M. Janzé, annexe à la séance du 15 janvier ; rapport de M. Margue, annexe à la séance du 6 décembre), l'état de la jurisprudence était invoqué à l'appui de toutes les propositions tendant à régler la situation des agents de chemins de fer.

Mais, tout d'abord, on se contenta d'en critiquer en fait les résultats, de déclarer inique qu'une Compagnie, par une révocation, pût priver un agent des avantages de son commissionnement et de ses droits éventuels à une retraite.

En 1881, quand les conclusions du rapport de

M. Margue vinrent en discussion devant la Chambre, les premiers orateurs, MM. de Janzé, Margue, Trarieux, se maintinrent dans le même ordre d'idées (Séance du 26 février).

C'est seulement dans la séance du 3 mars que M. Waldeck-Rousseau, le premier, attaqua la jurisprudence de la Cour de cassation, au point de vue des principes du droit.

Pour lui, le droit commun en matière de louage à durée indéterminée n'implique nullement la faculté de congédiement sans motif et sans indemnité. Les commentateurs et la doctrine ont, au contraire, toujours admis que si le congédiement n'était pas motivé par des raisons sérieuses, il devait s'opérer dans des conditions telles qu'il n'en ressortît aucun préjudice pour l'une ou l'autre partie.

Il invoque, à l'appui de cette thèse, l'opinion de M. Laurent; mais ce qui est plus extraordinaire et ce qui nécessitait tout son talent et toute son autorité devant la Chambre, il invoque contre la Cour de cassation sa propre jurisprudence et soutient que la Cour suprême a, en matière de louage, deux jurisprudences absolument opposées : « l'une à l'usage des industries « privées, l'autre à l'usage des Compagnies de chemins « de fer; l'une profondément humaine et juste, pro- « clamant qu'un industriel ne peut congédier brusque- « ment un employé, *qu'il faut avoir pour cela des* « *motifs sérieux* à invoquer et que, même quand on en « a, il y a des tempéraments à observer, l'autre quelque « peu injuste et brutale, disant que les Compagnies « n'ont aucun compte à rendre à personne, qu'elles « peuvent être, si cela leur plaît, impitoyables, qu'elles

« peuvent, dans un délai de 24 heures, du jour au jour
« et d'heure à heure, se séparer d'employés qui comp-
« tent 20 ans et plus de services ».

Et pour justifier cette assertion, il met en regard un
arrêt rendu par la Cour de cassation en 1859, accordant une indemnité à un chef de chant de l'Opéra, que
nous examinerons plus loin, et l'arrêt de 1876, refusant une indemnité à un agent de chemin de fer
révoqué.

Il conclut en déclarant que la Cour de cassation
refuse d'appliquer le droit commun aux employés de
chemins de fer et qu'il faut, pour les y faire rentrer,
proclamer dans une loi que les Compagnies ne peuvent
renvoyer leurs agents sans motifs légitimes.

Si étrange que fût cette thèse, dont nous verrons
plus loin la réfutation péremptoire, et malgré la protestation immédiate de M. Trarieux, déclarant que la
« jurisprudence n'a cessé d'appliquer aux employés de
« chemins de fer la loi commune », les partisans d'une
législation spéciale aux agents des Compagnies s'em-
parèrent de l'argumentation de M. Waldeck-Rousseau
et le préjugé qui en résulta fut tel qu'on en trouve
encore la trace dans des documents parlementaires
récents, voir notamment la proposition de loi de
M. Raymon Leygue en 1894.

Nous la retrouvons dans l'exposé des motifs de la
proposition de loi de M. Raynal (annexe à la séance
du 6 février 1882) dans le rapport de M. Delattre
(annexe à la séance du 12 juin 1882). Au cours de la
discussion sur les conclusions de ce rapport, M. Rodat
(séance du 26 juin) ayant nié qu'il y eût dualité de
jurisprudence en matière de louage, M. de Janzé lui

répondit en donnant lecture des déclarations faites à la Commission par le garde des Sceaux, M. Humbert, lequel avait qualifié de « rigoureuse et de bizarre, la « *nouvelle* jurisprudence de la Cour de cassation » et proclamé « qu'il ne devait pas être possible de rompre « un contrat de louage sans cause légitime et de refu- « ser des dommages-intérêts à la partie lésée ». Dans la séance du 27 juin, M. Delattre, rapporteur, criti- quant l'arrêt de 1872, accuse nettement les Compa- gnies d'avoir surpris cet arrêt à la Cour de cassation « sous le prétexte que l'intéressé Falcoz avait fait « défaut ». En deuxième délibération, M. Rodat relève cette accusation portée contre la Cour de cassation, « de connivence coupable avec la puissance que repré- « sentent les grandes Compagnies » et donne lecture des attendus de l'arrêt de 1879, qu'il déclare être « l'application exacte, indiscutable des articles 1134 « et 1780 ». Rien n'y fait. M. Delattre revient affir- mer que depuis 1872 « les employés de chemins de « fer se trouvent en fait en dehors du droit commun « de l'article 1382 » et M. Floquet, en formules res- pectueuses, déclare à son tour que « les préoccupa- « tions des Compagnies ont eu leur écho dans la « grande Compagnie judiciaire qu'on appelle la Cour « de cassation et que l'arrêt Falcoz est contraire à un « arrêt formel de 1859, contraire à la jurisprudence « universelle. »

C'est dans ces conditions, pour faire, suivant une expression vingt fois répétée, « rentrer les employés « de chemins de fer dans le droit commun », que la Chambre adopta l'article 1er de la proposition portant interdiction de rompre par un acte unilatéral de volonté, le contrat passé entre Compagnies et agents, sans motifs légitimes et sans indemnité (séance du 19 décembre 1882).

Voyons maintenant la valeur de ces critiques. Nous en trouvons la réfutation complète dans le remarquable rapport de M. Cuvinot au Sénat sur la proposition votée par la Chambre, déposée le 25 juin 1885. M. Cuvinot avait été assisté dans cette partie de son travail par M. Mazeau, devenu garde des sceaux au cours de la discussion.

La commission du Sénat s'était posé la question suivante : « Est-il vrai que la Cour de cassation ait, à « l'égard des agents de Compagnies, une jusrispru- « dence différente de celle qu'elle aurait consacrée vis- « à-vis de toutes autres personnes qui louent leur « ouvrage ou leur industrie sans détermination de durée, « jurisprudence inaugurée en 1872 ».

Pour répondre à cette question, le rapport expose tout d'abord la jurisprudence générale en matière de louage antérieure à 1872, puisqu'il examine la jurisprudence relative aux agents depuis cette époque en vue de savoir si elle est conforme ou non à la jurisprudence générale.

Quelle était donc, avant le premier arrêt rendu sur un différend entre Compagnie et agent, la doctrine de la Cour? Le rapport la tire d'un arrêt de 1859 souvent cité comme contradictoire à l'arrêt de 1872 et de deux arrêts de 1864 et 1865.

L'arrêt du 8 février 1859 avait été rendu sur un pourvoi formé par l'administration de l'Opéra contre un arrêt de la Cour de Paris qui l'avait condamnée à payer une indemnité d'un an de traitement à un chef de chant du nom de Potier, renvoyé par le Directeur.

L'arrêt attaqué visait expressément « l'usage con-« forme en matière d'engagements dramatiques ».

La Cour de cassation rejeta le pourvoi avec les attendus suivants :

« Sur le moyen unique tiré de la violation des « articles 1134, 1341, 1353 et 1780 du Code civil.

« Attendu qu'on ne peut engager ses services qu'à temps ou pour une entreprise déterminée.

« Que si un louage de services a été consenti pour « une durée illimitée, il dépend sans doute de la « volonté de l'une ou l'autre des parties de le faire « cesser.

« Mais que si la loi ne détermine aucun délai à « observer, la dénonciation ne peut cependant être « faite à *contre-temps* et d'une manière préjudiciable « à l'intérêt de l'une des parties.

« Que dans ce cas les tribunaux civils peuvent, « d'après les circonstances, la nature des services « engagés, les habitudes professionnelles des contrac-« tants, les conditions nécessaires de leur industrie et « de leur art, accorder à celui vis-à-vis duquel la « convention a été trop brusquement abandonnée « une indemnité dont l'appréciation rentre dans leur « droit souverain d'appréciation.

« D'où il suit qu'en jugeant que Potier à défaut d'une « date déterminée pour l'expiration de son engage-« ment, n'avait pu être renvoyé qu'au moyen d'une « indemnité, et en fixant cette indemnité au montant « de ses appointements d'une année, *conformément à* « *ce qu'elle déclarait être l'usage en matière d'enga-*

« *gements de la nature de celui qui liait les parties,*
« alors surtout qu'aucune circonstance particulière,
« devant faire déroger à cet usage n'était alléguée,
« la Cour de Paris n'a violé aucune loi.

« Rejette » (D., 59, 1, 58).

M. Cuvinot remarque très justement que ce qu'il
faut retenir de cet arrêt, comme étant le *principe*
même du contrat de louage de durée illimitée, c'est
que le contrat peut être rompu par la seule volonté
de l'une des parties *ad nutum,* c'est-à-dire au moment
où l'une des parties le voudra et sans qu'elle soit obligée de donner ses motifs.

« Seulement, ajoute-t-il, il pourra arriver que la
« rupture soit faite *à contre-temps* « contrairement à
« des usages, à des habitudes professionnelles, à des
« stipulations tacites, conditions nécessaires du contrat.
« Dans ce cas, conclut-il, s'il y a dommage causé, les
« tribunaux auront la faculté d'accorder des dom-
« mages-intérêts ».

Mais il reconnaît que la rédaction de l'arrêt peut
donner lieu à de fausses interprétations, notamment
en ce qui concerne les expressions *à contre-temps* et
trop brusquement.

Soumettons cet arrêt à l'analyse que nous avons fait
subir à ceux de 1872 et suivants : il pose incontesta-
blement le principe de la liberté de rompre *ad nutum*
et s'il reconnaît que la décision attaquée a légitime-
ment accordé une indemnité, il stipule expressément
que c'est en raison d'*usages constants* auxquels il n'est
pas démontré qu'on eût voulu déroger.

C'est l'indemnité contractuelle de congé basée sur
l'article 1135 du Code civil, résultant de la viola-

tion du délai tacitement accepté par les parties, et il est vraiment incroyable qu'on ait pu, comme M. Waldeck-Rousseau, soutenir que cet arrêt était en *contradiction* avec l'arrêt de 1872, repoussant l'application de l'article 1382, au cas de renvoi sans motifs légitimes.

Les deux arrêts ont statué en sens contraire et non contradictoirement.

D'ailleurs, les arrêts de 1864 et 1865 que le rapport examine ensuite, vont préciser encore ce que l'arrêt de 1859, qui a le caractère d'un arrêt d'espèce, avait laissé indécis.

La rédaction des deux arrêts est identique, aussi le rapporteur se contente-t-il de citer et de commenter le premier.

Un journaliste touchant des appointements mensuels avait été renvoyé sans indemnité. La Cour de Paris saisie, lui avait accordé des dommages-intérêts.

Cot arrêt fut cassé par la Cour suprême le 31 août 1864, avec les attendus suivants :

« Vu l'article 1382,

« Attendu que nul n'est en faute quand il ne fait qu'user de son droit ».

L'arrêt développe ensuite les raisons spéciales au journalisme d'alors, pour lesquelles le directeur ou gérant responsable vis-à-vis du Gouvernement devait être libre dans le choix de ses collaborateurs, et il s'achève ainsi :

« D'où il suit qu'en jugeant le contraire, et en condamnant le demandeur à une indemnité envers le défendeur, sans constater l'existence soit d'*un contrat* entre les parties, les engageant respectivement pour un temps ou un travail déterminé, *soit d'une faute* de la part du demandeur, l'arrêt attaqué a faussement appliqué et par suite violé la disposition ci-dessus visée ».

« CASSE (D., 65, 1, 40) ».

Analysons cet arrêt. Il pose en principe que l'exercice du droit de rompre ne peut par lui-même constituer une faute et donner lieu à l'application de l'art. 1382.

Puis il écarte l'indemnité parce qu'elle n'est basée ni sur la *violation de la convention*, ni sur *une faute* de celui qui a rompu.

M. Cuvinot remarque très justement que cet arrêt et l'arrêt du 24 janvier 1865, qui est identique, ont le même point de départ que celui de 1872, c'est-à-dire l'application de la maxime *neminem lædit qui suo jure utitur.*

Il ajoute que l'espèce se rapproche très sensiblement de la situation entre Compagnies et agents, car celles-ci, comme le directeur du journal, ont une responsabilité qui doit entraîner la liberté dans le choix de leur personnel.

Il conclut en déclarant, au nom de la Commission, que « dès 1864, la Cour de cassation, appliquant les « principes généraux du droit au contrat de louage « d'industrie à durée illimitée, ainsi que la règle juri- « dique particulière à ce contrat, décide invariable- « ment *qu'il peut être rompu à la volonté de l'une* « *ou de l'autre des parties, ad nutum, sans motifs,* « que cette faculté de résilier le contrat, en quelque « sorte permanente chez chacune d'elles, *est un droit;* « que, lorsqu'elles en usent, elles ne peuvent être « condamnées à des dommages-intérêts, *car l'exercice*

« *d'un droit ne peut être une faute*, c'est-à-dire une
« infraction à une obligation conventionnelle ou
« légale, entraînant une responsabilité, enfin qu'il
« n'en serait autrement que s'il existait des *usages*
« *contraires* ou si la *faute* du maître résultait de
« certaines circonstances spéciales, ou, enfin et sur-
« tout, si les *conditions expresses ou tacites* du con-
« trat s'opposaient à une rupture sans indemnité ».

Il ajoute que dans l'arrêt de 1859 « qui a le carac-
« tère d'un arrêt d'espèce, ce sens général de la juris-
« prudence est encore un peu obscur, mais qu'il
« apparaît avec évidence dans les arrêts de 1864 et
« 1865 ».

Nous n'aurons pas à suivre M. Cuvinot dans l'examen qu'il fait des arrêts de 1872 et suivants, rendus
sur des différends entre Compagnies et agents. Nous
avons analysé plus haut cette jurisprudence et il est
aisé de voir que les règles que nous en avons déduites
sont en parfaite concordance avec le lumineux commentaire de la jurisprudence antérieure que nous
empruntons au rapport.

Il ne reste donc rien des critiques dont M. Waldeck-
Rousseau fut le promoteur, la Cour de cassation n'a
jamais eu qu'une seule jurisprudence en matière de
rupture de louage d'ouvrage et les employés de
chemins de fer n'ont jamais été mis par elle en dehors
du droit commun. Tout au plus désormais reprochera-
t-on à la jurisprudence de la Cour d'avoir un peu
varié quant à sa rédaction. Lorsque la proposition de
loi retournera à la Chambre, le rapporteur, M. Poincaré, abandonnera définitivement cet argument jusque-
là prépondérant en faveur de l'adoption d'une légis-

lation spéciale aux agents de chemins de fer (rapport Poincaré, annexe à la séance du 29 décembre 1888) et M. Cuvinot pourra se féliciter, à la tribune du Sénat, d'en avoir fait justice (Sénat, séance du 21 juillet 1890, p. 854).

Cette constatation ne présente pas seulement un intérêt historique, elle nous sera utile pour l'interprétation de la loi de 1890.

Propositions de réforme législative.

Enumérons maintenant, rapidement, les différentes propositions de réforme législative, relatives au droit de rupture du louage à durée illimitée qui ont abouti à la loi du 27 décembre 1890. Nous laissons, bien entendu, de côté tout ce qui, dans ces propositions, ne touche pas directement au droit de rompre.

En 1874, à *l'Assemblée Nationale,* proposition de loi de MM. Cazot, Millaud, etc., portant que les mécaniciens et chauffeurs ne pourront être congédiés qu'en vertu *d'une cause déterminée par un règlement d'administration publique* (annexe à la séance du 3 août).

En 1876, cette proposition est reprise devant la première législature de la Chambre par MM. G. Casse, Lockroy, etc. (annexe à la séance du 23 mars).

En 1878, devant la deuxième législature, proposition de loi de MM. G. Casse, Nadaud, etc., applicable non plus seulement aux mécaniciens et chauffeurs, mais à tous les agents commissionnés des Compagnies portant qu'ils ne pourront *être congédiés sans indemnité qu'en vertu de motifs appréciables par les Juges compétents et qu'un règlement d'administration publique déter-*

minera limitativement les causes de congé (annexe à la séance du 29 janvier).

En 1880, proposition de M. de Janzé applicable aux mêmes agents, conforme à la précédente, mais étendant la réglementation par décret à toutes les pénalités réglementaires et fixant le minimum d'indemnité de congé à une année de traitement si c'est la Compagnie qui rompt le contrat, à un mois si c'est l'agent (annexe à la séance du 15 janvier).

La même année, la Commission nommée pour l'examen des deux propositions ci-dessus, soumettait à la Chambre une proposition portant que le contrat passé entre les Compagnies et leurs agents est un contrat de longue durée qui ne peut être rompu que *par le consentement mutuel des parties ou par les juges compétents pour motifs légitimes* (art. 1), que l'agent congédié *sans motifs légitimes* aura droit à une indemnité (art. 2), que l'agent démissionnaire sera également passible d'une indemnité s'il agit sans motifs légitimes ou sans donner congé un mois à l'avance (art. 3), que les causes de révocation seront déterminées par un règlement d'administration publique (art. 4). Rapport de M. Margue (annexe à la séance du 6 décembre).

Au mois de février 1881, la Commission, après avoir entendu les Ministres et Sous-Secrétaires d'État à la Justice et aux Travaux publics modifia cette rédaction sur deux points : 1° en supprimant la déclaration que le contrat était à longue durée ; 2° en éliminant, comme contraire à l'égalité entre les parties, la disposition autorisant l'agent à rompre son engagement en prévenant un mois à l'avance.

L'article 1ᵉʳ de cette proposition fut rejeté par la Chambre dans la séance du 3 mars 1881.

La Chambre avait, dans la séance du 26 février, repoussé un contre-projet général de MM. Trarieux, Drumel, etc., applicable à tout louage de durée déterminée, procédant par voie d'addition à l'article 1780 du Code civil et portant :

1º Fixation à 3 mois en l'absence d'usages constatés du délai minimum de congé ;

2º Obligation pour la partie qui rompt sans motifs légitimes de restituer à l'autre tout ce qu'elle en a reçu en vue d'une exécution plus longue du contrat et interdiction des stipulations contraires.

En 1882, pendant la troisième législature : proposition de MM. Raynal, Waldeck-Rousseau, etc., portant que, en dehors des cas prévus par un réglement d'administration publique et nonobstant stipulation contraire, le contrat passé entre les Compagnies et leurs agents ne pourra être rompu sans motifs légitimes que moyennant la réparation du préjudice causé (annexe à la séance du 6 février 1882).

Proposition de MM. Delattre, de Janzé, etc..., déclarant que ce même contrat a le caractère de longue durée (art. 1ᵉʳ), qu'un règlement d'administration publique déterminera toutes les pénalités réglementaires (art. 5), que la rupture sans motifs légitimes donnera lieu à une indemnité équivalente au préjudice causé, sauf pour l'agent qui se retire, à donner congé 15 jours à l'avance (art. 1ᵉʳ) (annexe à la séance du 7 février 1882).

La commission chargée d'examiner ces deux propositions soumit à la Chambre un texte conforme à la proposition Raynal sur le principe de l'indemnité et étendant comme la proposition de Janzé la réglementation par décret à toutes les pénalités disciplinaires (rapport Delattre, annexe à la séance du 12 juin 1882).

En première délibération, la Chambre adopta le principe de l'indemnité au cas de rupture sans motifs légitimes avec nullité des stipulations contraires (séance du 26 juin 1892), mais elle repoussa la réglementation des pénalités (27 juin).

En deuxième lecture, le bénéfice de la réforme fut étendu à tous les agents non commissionnés, mais participant à une caisse de retraites et la réglementation des causes de révocation fut adoptée (séance des 19 et 21 décembre 1882).

La Chambre avait écarté, dans la séance du 26 décembre, un *amendement de M. Goblet*, étendant le droit à indemnité pour rupture sans motifs légitimes à tout louage de durée indéterminée comportant participation à une caisse de retraites et un *contre-projet de M. Rodat*, qui n'est que la reproduction de celui de M. Traricux, repoussé en 1881.

En 1885, au Sénat, la commission chargée d'examiner le texte voté par la Chambre, lui substitue un texte général tendant à compléter l'article 1780 par une disposition ainsi conçue :

« La résiliation du contrat de louage de services par
« la volonté d'un seul des contractants *peut donner*
« *lieu à des dommages-intérêts*, même dans le cas où
« la durée du contrat n'a pas été déterminée, à la
« charge par la partie qui réclame des dommages-
« intérêts de prouver que le congé a été donné de
« mauvaise foi ou à contre-temps.

« Pour la fixation de l'indemnité à allouer, le cas
« échéant, il est tenu compte des usages, de la nature
« des services engagés, des retenues opérées et des
« versements effectués en vue d'une pension de re-
« traite et de toutes les circonstances qui peuvent justi-
« fier l'existence et déterminer l'étendue du préjudice
« causé » (rapport Cuvinot annexe à la séance du
25 juin 1885).

M. Cuvinot, rapporteur, présentait en son nom personnel un contre-projet conçu dans le même esprit
mais portant, en outre, au cas de rupture, maintien
des droits éventuels à la retraite, nonobstant stipulation contraire (même rapport).

En 1887, lors de la première délibération sur les
conclusions du rapport de la Commission, celle-ci
présente une nouvelle rédaction :

« Le louage de services, fait sans détermination de
« durée peut toujours cesser par la volonté de l'une
« des parties contractantes.

« Néanmoins, la résiliation du contrat par la volonté
« d'un seul des contractants peut donner lieu à des
« dommages-intérêts (désormais la rédaction de ces
« deux alinéas ne sera plus modifiée jusqu'à la pro-
« mulgation de la loi).

« A la charge pour la partie » (le reste comme dans
la première rédaction de la Commission) (séance du
14 novembre 1887).

De son côté M. Cuvinot avait modifié son contre-
projet dans le même sens et son texte ne différait de
celui de la Commission qu'en ce qui concerne : 1º l'indication des cas où il y aurait lieu à indemnité, « à la
charge, etc. », supprimée par lui ; 2º les éléments de

l'indemnité ; 3° et surtout le maintien des droits à la retraite dans tous les cas (séance du 15 novembre).

Dans la séance du 15 novembre, le Sénat adopta en première lecture les deux premiers alinéas du texte de la Commission, communs au contre-projet de M. Cuvinot, et le 3ᵉ alinéa du contre-projet ainsi conçu : « Pour la fixation de l'indemnité à allouer, le cas « échant, il sera tenu compte des usages, de la nature « des services engagés et des conventions légalement « formées entre les parties ».

Dans la séance du 20 février 1888, il adopta également la disposition du contre-projet de M. Cuvinot, acceptée par la Commission, relative au maintien des droits à la retraite, mais en laissant aux parties la liberté des stipulations contraires.

La deuxième délibération eut lieu le 13 mars de la même année. Le Sénat adopta définitivement les trois premiers alinéas votés en première lecture, le 15 novembre 1887, mais il rejeta la disposition relative au maintien des droits à la retraite.

La quatrième législature de la Chambre, saisie du projet voté par le Sénat, adopta dans sa séance du 11 avril 1889, conformément aux conclusions du rapport de M. Poincaré, en date du 29 décembre 1888, un texte élaboré par sa commision.

Ce texte reproduit d'abord les deux alinéas votés par le Sénat, relatifs au droit de rompre *ad nutum* et à l'indemnité au cas de rupture abusive.

En ce qui concerne les éléments de l'indemnité, il substitue à la rédaction de M. Cuvinot les termes mêmes de l'énumération arrêtée par la Commission du Sénat, en la complétant sur un point et en la modifiant sur un autre. Cet alinéa se trouve donc ainsi rédigé :

« Pour la fixation...... il est tenu compte des usages, de la nature des services engagés, *du temps écoulé, des conventions légalement formées entre les parties, notamment au sujet des pensions de retraite,* et en général de toutes les circonstances qui peuvent justifier l'existence et déterminer l'étendue du préjudice causé. »

A cette disposition de droit commun la Commission avait ajouté une disposition spéciale aux agents de chemins de fer, qui n'est que la reproduction du texte voté par la Chambre en 1882, portant que le contrat passé entre les Compagnies et leurs agents ne pourrait être rompu *sans motifs légitimes,* que moyennant la réparation du préjudice causé à l'autre partie et qu'un règlement d'Administration publique déterminerait les causes de révocation.

Enfin, les stipulations contraires tant à la disposition de droit commun qu'à la disposition spéciale aux agents seraient nulles de plein droit.

Le Sénat fut saisi de nouveau (1889) et M. Cuvinot déposa le 10 juillet 1890 le rapport de la Commission sur le texte transmis par la Chambre.

La Commission proposait le rejet des dispositions exceptionnelles.

En ce qui regarde les dispositions de droit commun elle maintenait les deux premiers alinéas et modifiait de la façon suivante l'énumération des éléments de l'indemnité :

« Pour la fixation..... du temps écoulé, *des retenues opérées et des versements effectués en vue d'une pension de retraite* et en général.....

Désormais il n'y aura plus de modification sur ce point.

Enfin l'interdiction des stipulations contraires avait disparu.

Ce texte fut adopté sans modification en première lecture, dans la séance du 21 juillet.

En deuxième lecture, le Sénat vota sans modifications les dispositions de droit commun comprises dans les trois premiers alinéas (droit de rupture, indemnité au cas de rupture abusive, éléments de l'indemnité) (25 novembre 1890). Il écarta un contre-projet de M. Maze reproduisant la disposition votée par la Chambre sur le droit à indemnité pour les agents des Compagnies révoqués sans motifs légitimes (27 novembre 1890).

Enfin, il adopta un paragraphe additionnel à la disposition de droit commun portant interdiction de renoncer à l'avance au droit éventuel de demander des dommages-intérêts.

La cinquième législature de la Chambre fut saisie presque immédiatement et dès le 22 décembre, après lecture du rapport de M. Poincaré, elle adoptait sans modifications le texte du Sénat.

II. — Loi du 27 décembre 1890.

La loi fut promulguée le 27 décembre 1890 ; la partie qui nous intéresse est ainsi conçue :

« Art. 1er. — L'article 1780 du Code civil est com-
« plété comme il suit :

« Le louage de service fait sans détermination de
« durée peut toujours cesser par la volonté d'une des
« parties contractantes.

« Néanmoins, la résiliation du contrat par la volonté

« d'un seul des contractants peut donner lieu à des
« dommages-intérêts.

« Pour la fixation de l'indemnité à allouer, le cas
« échéant, il est tenu compte des usages, de la nature
« des services engagés, du temps écoulé, des retenues
« opérées et des versements effectués en vue d'une
« pension de retraite et en général de toutes les cir-
« constances qui peuvent justifier l'existence et déter-
« miner l'étendue du préjudice causé.

« Les parties ne peuvent renoncer à l'avance au
« droit éventuel de demander des dommages-intérêts
« en vertu des dispositions ci-dessus.

« Les contestations auxquelles pourra donner lieu
« l'application des paragraphes précédents, lorsqu'elles
« seront portées devant les tribunaux civils et devant
« les Cours d'appel, seront instruites comme affaires
« sommaires et jugées d'urgence ».

Examinons d'abord l'ordre des idées comprises dans
ce texte.

Le premier alinéa indique que les dispositions suivantes ont pour but de *compléter* l'art. 1780;

Le deuxième pose le principe du droit de rompre
ad nutum;

Le troisième indique que la rupture pourra donner
lieu, dans certains cas, à des dommages-intérêts;

Le quatrième énumère les éléments dont le juge
aura à tenir compte « le cas échéant », c'est-à-dire
quand l'alinéa 3 aura été jugé applicable pour fixer
l'indemnité;

Le cinquième interdit de renoncer par avance au
bénéfice du troisième alinéa;

Le sixième règle dans un sens favorable la question
de procédure.

Il semble, au premier abord, qu'un seul alinéa puisse donner lieu à des difficultés, le troisième, sur le point de savoir quand il y aura lieu à indemnité, puisque la loi indique cette éventualité sans préciser quand elle se produira.

Pourtant la loi de 1890 a donné lieu à une controverse beaucoup plus grave, et nous allons voir qu'une opinion lui donne un sens qui remet en question tout à la fois le principe du droit de rupture *ad nutum* posé par l'alinéa 2 et l'esprit même que la tradition s'accordait à reconnaître à l'art. 1780.

Opinion suivant laquelle la loi de 1890 a subordonné le droit de résiliation à l'existence de motifs légitimes.

Ce système a été formulé par M. Marcel Planiol dans plusieurs notes insérées au *Dalloz*. Nous empruntons à une de ces notes les termes qui nous paraissent le mieux le préciser : « avant 1890, chacune des parties « jouissait d'un droit de résolution arbitraire et elle « pouvait en user à toute heure, sans encourir aucune « responsabilité, sous la seule condition d'observer les « usages locaux et les conditions spéciales de son « contrat.

« Cette *faculté perpétuelle et absolue de se délier* a « été supprimée et remplacée par une sorte de *droit de* « *résiliation pour mauvais service ou pour cause majeure.* La rupture du contrat ne peut plus se faire « sans motifs par un simple changement de volonté. « Les Chambres ont lié les deux parties l'une à l'autre « d'une façon plus solide qu'auparavant... elles ne « peuvent pas se délier sans raison ».

M. Planiol rapproche la situation qui leur est faite de celle qui résulte des contrats synallagmatiques non résiliables par un acte unilatéral de volonté, mais avec deux différences : 1° le louage de durée indéterminée peut être rompu par l'une des parties tandis que le contrat synallagmatique ordinaire ne peut l'être que par le tribunal. Il y a donc faculté de dédit et non action en résolution ; 2° le contrat synallagmatique ordinaire ne peut être rompu que pour inexécution ou mauvaise exécution, le louage peut l'être aussi pour d'autres motifs (concurrence, transformation industrielle, etc.) (D., 93, 2, 377 ; note sous Grenoble, 23 janvier 1893 ; Cf. note sous Cass. civ., 18 juillet 1892, D., 92, 1, 585 ; note sous Amiens, 21 janvier 1892, D., 92, 11, 489).

Dans une note plus récente, M. Planiol raisonne ainsi : « Inscrire dans une loi que l'usage d'un droit « par un particulier peut donner lieu à des dom- « mages-intérêts, c'est dire que ce droit n'est pas « absolu et qu'il a des limites ».

« Or l'indication, même faite par le législateur, des « éléments de l'indemnité montre bien que la faute qu'il « a eue principalement en vue, ce n'est pas le manque- « ment aux usages, l'inobservation des délais ou de la « convention, c'est *une faute sur la question de fond,* « *c'est la faute du patron qui s'est séparé de son em-* « *ployé sans en avoir le droit.* Or, comment cette situa- « tion peut-elle se réaliser si le patron a le droit de ren- « voyer son employé à son gré, pour des motifs dont « lui seul est juge ».

Et il ajoute que « jamais on ne fournira l'exemple « même théorique d'une hypothèse où la responsabi-

« lité du patron se trouverait engagée dans le système
« qui lui conserverait le droit absolu de résiliation
« dont il jouissait avant 1890 » (D., 1897, 1, 401).

Ainsi la loi du 27 décembre 1890 aurait supprimé
le droit de résolution *ad nutum* formellement reconnu
jusqu'alors à chacune des parties et la faculté de résilier sans indemnité serait aujourd'hui subordonnée à
l'examen par le juge de la légitimité des motifs.

M. Planiol reconnaît toutefois que le législateur, en
laissant aux tribunaux le soin d'apprécier s'il y a lieu
ou non à indemnité, « n'a pas donné à la loi le carac-
« tère de précision nécessaire ».

Ce système a reçu l'adhésion de M. Baudry-Lacantinerie, lequel enseigne dans l'édition de 1893 de son
Précis de droit civil, que la résiliation *ad nutum* donne
lieu à indemnité quand elle a lieu sans motifs légitimes, et de M. Cornil (Louage de services, p. 335-336).

On peut également citer en ce sens un article publié
dans la *Gazette des Tribunaux* par M. René Pensa
qui prétend que la loi de 1890 a donné raison à la
jurisprudence des Cours d'appel contre la Cour de
cassation.

Réfutation de cette opinion.

Nous soutenons : 1° que ce système est en contradiction formelle avec l'ensemble des travaux préparatoires de la loi ; 2° qu'il n'a aucune racine dans le
texte de la loi, au principe de laquelle il contredit
même formellement.

Notons, avant de commencer l'exposé des débats
parlementaires sur ce point, que M. Planiol, dans une
note récente, écarte, *à priori*, tout argument tiré des

travaux préparatoires en se basant sur ce que les déclarations faites, soit par M. Cuvinot, soit par M. Poincaré, soit par d'autres membres du Parlement, ont été faites pour écarter l'article 2 du projet spécial aux agents de chemins de fer et sont, par conséquent, étrangères au texte adopté (D., 1897, 1, 401).

Ce n'est pas exact ; d'abord nous verrons que des déclarations très nettes de M. Cuvinot et d'autres sénateurs ont fixé le sens du texte voté par le Sénat et devenu l'article premier de la loi de 1890 ; ensuite il faut remarquer que l'article 2 sur lequel on a longuement discuté, portait précisément en termes exprès l'interdiction de rompre sans motifs légitimes et qu'il a été combattu surtout comme étant en opposition formelle avec l'article 1er.

1° Examen des débats parlementaires.

I. DISCUSSION ET ADOPTION AU SÉNAT (1885-1888). — 1° La Chambre des députés avait adopté le 21 décembre 1882 et transmis au Sénat un texte ainsi conçu :

« La convention par laquelle les Compagnies et
« administrations de chemins de fer louent les services
« de leurs agents commissionnés *ne peut être résiliée*
« *sans motifs légitimes* par la volonté de l'une des
« deux parties contractantes que moyennant la répara-
« tion du préjudice causé à l'autre partie ».

C'est, en d'autres termes, la formule même du système soutenu au Dalloz. Cette interdiction de résilier le contrat sans motifs légitimes n'était pas une nouveauté ; nous avons vu, lors de l'examen des propositions de réforme législative, que depuis 1874 elle servait de base à tous les projets soumis à la Chambre.

La Commission sénatoriale chargée de l'examen de cette proposition fut, à l'unanimité, d'avis qu'il y avait lieu de la repousser. Elle lui substitua un texte dans lequel nous lisons la disposition suivante : « La résilia-« tion du contrat de louage de services par la volonté « d'un seul des contractants peut donner lieu à des « dommages-intérêts ».

Cette partie du texte n'a pas été modifiée au cours des débats postérieurs ; elle a passé dans la loi du 27 décembre 1890 ; c'est même tout ce que renferme cette loi quant à l'éventualité d'une indemnité. Le rapporteur, M. Cuvinot (page 77 du rapport), expose ainsi la pensée de la commission :

« Ce que votre commission vous propose, c'est de « consacrer, par un texte de loi, *les décisions de la* « *jurisprudence.*

Or, la jurisprudence dont parle M. Cuvinot, c'est la jurisprudence de la Cour de cassation formulée dans les arrêts de 1872 et suivants, dont il vient de démontrer la rigoureuse unité, faisant ainsi justice comme on l'a vu plus haut, des reproches dont elle avait été l'objet à la Chambre.

Il ajoute « *une seule addition* a trouvé place dans « ce texte, elle est spéciale au cas où le contrat de « louage implique l'obligation de participer à une « Caisse des Retraites ».

Ceci vise le paragraphe suivant, lequel a également passé dans la loi de 1890 : « pour la fixation de l'indem-« nité à allouer le cas échéant, il est tenu compte..... « des retenues opérées et des versements effectués en « vue d'une pension de retraite ».

Il n'y a donc dans l'opinion de la Commission

d'innovation qu'en ce qui concerne les éléments de l'indemnité.

Le rapporteur conclut en ces termes (p. 77, 78) :

« Ce texte permettra aux tribunaux de statuer « désormais en tenant compte de tous les éléments du « contrat intervenu entre les parties *et d'apprécier* « d'après les circonstances de la cause *le montant* des « dommages-intérêts à allouer à la partie lésée ».

Il s'agit donc bien seulement du pouvoir d'appréciation du juge relativement au quantum de l'indemnité (rapport de M. Cuvinot, annexe à la séance du 25 juin 1885) ;

2º M. Tolain, sénateur, avait repris à titre de contre-projet le texte voté par la Chambre et M. Cuvinot proposa au nom de la Commission de le discuter tout d'abord pour que le Sénat pût se prononcer en connaissance de cause, ce qui prouve bien que pour tout le monde les deux dispositions étaient considérées comme absolument différentes (séance du 12 mai 1887) ;

3º Quand le contre-projet de la Commission vint en discussion, le 15 novembre 1887, la Commission avait modifié son texte, notamment en inscrivant en tête de la disposition additionnelle à l'article 1780 le principe déjà admis par la jurisprudence et qui a passé dans la loi de 1890 : « Le louage de services fait sans déter- « mination de durée, peut toujours cesser par la volonté « de l'une des parties contractantes ».

M. Cuvinot (séance du 15 novembre 1887, p. 922), explique ainsi le but poursuivi par la Commission en faisant de ce principe la base même de la législation du louage de durée indéterminée : « Nous étions en « face d'un projet de loi (le texte de la Chambre iden-

« tique au système soutenu au DALLOZ), *qui niait ce*
« *que nous voulions affirmer* ». Nous avons voulu
nous prononcer d'une façon très nette contre la doctrine résultant de ce texte.

4° Au cours de la première délibération, M. CUVINOT
s'exprime ainsi : « Votre Commission s'est posé la
« question de savoir s'il n'y avait pas lieu de présenter
« au Sénat un texte qui *enregistrât cette jurispru-*
« *dence......* La majorité de la Commission a pensé
« que la jurisprudence *de la Haute-Cour*, basée sur le
« respect de la liberté des contrats *n'appelait aucune*
« *réforme*, et qu'il convenait de se borner à combler
« une lacune réelle du Code.

« Cependant elle est allée un peu plus loin que la
« jurisprudence de la Cour de cassation puisque, dans
« son contre-projet, elle a cru devoir viser les rete-
« nues opérées et les versements effectués en vue d'une
« pension de retraite ».

« Dans la pensée de la commission, la rédaction
« qu'elle vous soumet, tout en maintenant au contrat
« de louage de durée indéterminée *son caractère de*
« *révocabilité ad nutum*, permettra aux tribunaux de
« statuer désormais en tenant compte de tous les
« éléments du contrat intervenu entre les parties et
« *d'apprécier* d'après les circonstances de la cause le
« montant de l'indemnité à accorder à la partie lésée
(Sénat, séance du 20 mai 1887, p. 576, col. 2).

5° M. de Massy, président de la commission, déclare
que le Ministre des Travaux publics et le Garde des
Sceaux ont été d'accord avec la commission pour
reconnaître que « la rédaction proposée est conforme
« à toute la jurisprudence », or, la rédaction n'avait

pas été modifiée quant aux passages que nous avons cités et qui sont entrés dans la loi de 1890. D'ailleurs cette déclaration montre bien que le but poursuivi par le législateur était d'arriver à un texte conforme à la jurisprudence (séance du 15 novembre 1887, p. 921, col. 2).

6° M. Cuvinot, défendant son contre-projet conforme sur ce point au texte de la commission et à celui que le Sénat adopta en définitive, montre qu'il est en parfaite concordance avec le dernier arrêt de cassation sur la matière (17 mai 1887) séance du 15 novembre 1887, p. 916, col. 3).

7° M. Clamageran, membre de la commission, répondant au dilemme posé par M. Léon Clément « où le projet de loi est conforme à la jurisprudence « et il est inutile, ou il est contraire à la jurisprudence « et on déclare que celle-ci est bonne » cite et commente les arrêts de la Cour de cassation et s'exprime ainsi « a) Il est permis et souvent bon que « le législateur *confirme* une jurisprudence précisé- « ment pour qu'elle ne change pas (séance du 15 no- vembre, p. 918, col. 2).

« b) Il y a dans cette jurisprudence quelques oscil- « lations et il peut, par conséquent, être bon de la « fixer en la précisant et en se servant précisément « des termes employés par la Cour de cassation « (p. 219, col. 1).

« c) Si dans la longue série d'arrêts il n'y en a « aucun de rendu en faveur des employés de chemins « de fer.... c'est parce qu'ils avaient voulu faire « décider par les tribunaux que la rupture du contrat « ne dispensait la Compagnie de dommages-intérêts

« que si cette rupture avait lieu *pour des motifs légi-*
« *times....* C'est ce que la *Cour de cassation n'a pu*
« *consacrer* ».

« La Cour cassait les arrêts parce qu'ils étaient motivés
« sur cette raison que les *congédiements avaient eu lieu*
« *sans motifs légitimes* » (p. 919, col. 2).

« *d*) La commission a dû relever avec beaucoup de
« soin tous les arrêts, pour voir quelle était décidé-
« ment la doctrine qui s'en dégageait, *c'est la doctrine*
« *que nous avons exprimée dans le projet de loi*
« (p. 919, col. 2) ».

Le rapprochement des passages *c* et *d* suffirait seul
à montrer que la commission a voulu maintenir la
doctrine de la Cour de cassation, précisément en ce
qu'elle refusait d'admettre qu'il y eût lieu d'entrer
dans l'examen des motifs de rupture.

8° La discussion dans cette même séance du 15
novembre porte tout entière sur la meilleure rédaction
à adopter pour qu'il y ait conformité entre le texte
législatif et la jurisprudence (Cf. discours de M. Lacombe, p. 920, col. 3 et 921, col. 1) et les critiques
adressées au texte de la commission, notamment par
M. Léon Clément (*Ibid.*, col. 3, p. 921), provenaient
de ce que la commission voulant définir le cas où il y
aurait lieu à indemnité, avait emprunté à l'arrêt de
1859 les expressions « à contre temps » et « de mauvaise foi » que plusieurs regardaient comme inappli-
cables à la matière.

Cette partie de la rédaction fut en effet repoussée,
mais le paragraphe posant le principe de l'indemnité,
considéré comme rigoureusement conforme à la juris-

prudence antérieure ne fut pas combattu et fut adopté (p. 925, col. 1 et 2).

9° En deuxième délibération il n'y eut pas de discussion sur cette partie du texte ; seul M. Poriquet la combattit *comme inutile*, la jurisprudence lui paraissant suffisamment fixée (séance du 13 mars 1888, p. 296 et 297).

Nous pourrions en rester là. Dès maintenant une chose est acquise ; les deux alinéas de la loi de 1890, relatifs au principe de la résiliation *ad nutum* et à l'éventualité de dommages-intérêts pour rupture abusive, qui seront désormais toujours votés sans discussion, avaient, dans la pensée de ceux qui les ont rédigés, discutés et adoptés pour la première fois, un double but : maintenir énergiquement le droit de résiliation *ad nutum* dont le texte voté par la Chambre était la négation ; enregistrer la jurisprudence de la Cour de cassation, précisément en ce qu'elle se refusait à soumettre la légitimité des motifs de résiliation à l'examen du juge. La seule addition à la jurisprudence antérieure concerne un des éléments de l'indemnité compris à l'énumération de l'alinéa suivant. La Commission du Sénat ayant voulu que le juge pût tenir compte, « le cas échéant », c'est-à-dire quand la rupture aurait été jugée abusive, des retenues et versements pour la retraite.

Mais l'examen des travaux parlementaires postérieurs, tant à la Chambre qu'au Sénat, nous apportera, avec quelques divergences d'appréciation, de nouveaux et très forts arguments contre le système soutenu au Dalloz.

Cet examen présente donc un double intérêt de sincérité et de confirmation de notre thèse.

II. Discussion et adoption a la Chambre (1888-1889). — M. Poincaré, dans le rapport soumis à la Chambre le 29 décembre 1888, apprécie en ces termes la disposition votée par le Sénat, dont il propose l'adoption sans modification :

« Il faut, tout en maintenant le principe supérieur
« de la liberté absolue de résiliation, mettre en regard
« le droit aux dommages-intérêts et donner aux tribu-
« naux la faculté de *faire entrer dans l'appréciation*
« *du préjudice,* etc... » (page 15 du rapport).

M. Poincaré avait dit, quelques lignes plus haut :
« Nous ne vous demandons pas seulement de con-
« sacrer une jurisprudence existante, mais de la
« simplifier, de la coordonner et de lui donner enfin
« les *moyens légaux de s'améliorer* ». On voit que,
pour lui et pour la commission de la Chambre, cette
amélioration résultera de la latitude plus grande laissée
au juge dans l'appréciation du préjudice.

Un peu plus loin, quand il passe à l'examen des
articles (pages 23 et 24), le rapporteur s'exprime
ainsi : « Nous avons, dans le premier paragraphe
« de cet article, conservé le principe général de
« l'art. 1780, c'est-à-dire le droit pour chacune des
« parties de *s'affranchir à volonté* du contrat de
« louage de services, quand il aura été fait sans
« détermination de durée.

« Mais nous avons immédiatement, dans un second
« paragraphe, corrigé la rigueur de ce premier prin-
« cipe en établissant, à la fois comme corollaire et
« comme compensation, la faculté pour les tribunaux
« de condamner à des dommages-intérêts la partie
« qui exercera dans des conditions abusives ce droit
« de résiliation.

« Y avait-il lieu d'indiquer les cas où la résiliation
« pourrait ainsi entraîner des dommages-intérêts ? Nous
« ne l'avons pas pensé ».

C'eût cependant bien été le moment de dire, si telle
eût été la pensée de la Commission et de son rapporteur, que la résiliation sans motifs légitimes serait considérée comme abusive. Le silence volontaire du rapport est très significatif.

Mais il y a plus, cette interdiction de résilier sans
motifs légitimes qu'on veut trouver dans la loi de 1890,
la Commission de la Chambre l'y trouvait si peu, qu'à
côté de la disposition de droit commun, elle soumettait
au vote de la Chambre une disposition spéciale aux
agents de chemins de fer qui n'est que la reproduction
du texte adopté en 1882 par la Chambre et repoussé
par le Sénat portant précisément interdiction de résilier
sans motifs légitimes.

A l'appui de cette disposition exceptionnelle, le rapport fait remarquer (p. 16) que les tribunaux, en refusant aux agents révoqués une indemnité, ne dérogent
pas au droit commun, mais il déclare que « la nature
même du contrat rend ici tout à fait abusif le *congé
arbitraire* » ;

Il ajoute qu'il n'y aura pas dérogation mais *modification* au droit *commun* (p. 18).

Enfin (p. 26), il expose en ces termes les conséquences de la disposition spéciale aux agents. « Ce ne
« sera donc pas à l'agent de prouver qu'on a violé à
« ses dépens les usages, qu'on l'a renvoyé de mauvaise
« foi, à contre temps, qu'on lui a causé un préjudice.
« Ce sera à la Compagnie qui l'aura renvoyé à établir
« qu'elle avait, pour prendre cette mesure, des motifs
« légitimes ».

La disposition fut votée par la Chambre dans cet esprit, ce qui établit bien sa différence profonde avec le texte de droit commun, qui est devenu la loi de 1890.

En résumé, pour M. Poincaré et pour la Commission, le texte voté par le Sénat « maintient le principe « supérieur de la *liberté absolue* de résiliation » qu'il appelle plus loin, en lui donnant ainsi toute sa portée, le droit de « *congé arbitraire* ». On simplifie, on coordonne la jurisprudence, mais il n'y a d'innovation qu'en ce qui concerne les éléments d'*appréciation* de l'indemnité et ce n'est qu'en vertu d'une *modification* exceptionnelle au droit commun que les agents de chemins de fer pourront obtenir une indemnité au cas de rupture sans motifs.

III. Rejet par le Sénat de la disposition exceptionnelle visant le renvoi sans motifs légitimes ajoutée par la Chambre au texte de droit commun (1890). — Le rapport de M. Cuvinot sur le texte adopté par la Chambre constate expressément, après avoir indiqué l'addition qu'il renferme, que le désaccord entre les deux chambres porte *sur le principe même* de la proposition de loi (p. 4, rapport de M. Cuvinot, annexe à la séance du 10 juillet 1890). Mais c'est surtout au cours de la discussion sur la disposition spéciale aux agents que sera constatée la contradiction qu'elle présente avec le texte de droit commun.

En première délibération (séance du 21 juillet) M. Tolain (p. 853, col. 3), et M. Cuvinot, rapporteur (p. 854, col. 1), sont d'accord pour reconnaître que la disposition, relative aux agents, déroge au droit commun posé par l'article 1780 complété.

M. Tolain. — Je suis partisan d'une législation *spéciale* pour les agents de chemins de fer.

M. Cuvinot. — Il s'agit de savoir s'il convient d'établir en faveur des employés de chemins de fer des règles spéciales *dérogeant aux règles ordinaires du contrat de louage.*

M. Yves Guyot, Ministre des Travaux publics, pour faire adopter la disposition votée par la Chambre, déclare, il est vrai, qu'elle n'est que *l'extension et le commentaire* de l'art. 1er (p. 856, col. I), mais il reviendra plus tard sur l'absolu de cette assertion (séance du 28 novembre, p. 1,088, col. 2) ; et d'ailleurs la deuxième délibération sur la disposition exceptionnelle, qui roule toute entière sur cette antinomie des deux articles, nous fournira des arguments plus précis et plus concluants.

Avant d'entrer dans la deuxième délibération, M. Cuvinot vint rectifier une erreur matérielle du texte visé par la Chambre. Le Sénat, en 1888, avait adopté un texte commençant ainsi : l'art. 1780 est *complété;* la rédaction de la Chambre portait : l'article 1780 est *modifié.* M. Cuvinot déclare qu'il s'est expliqué à ce sujet avec M. Poincaré, lequel a reconnu l'erreur et insiste sur la volonté des deux Chambres de maintenir le principe de l'article 1780 (séance du 25 nov., p. 1067).

En deuxième délibération, M. Maze (séance du 25 nov. 1890, p. 1068, col. 1), qui avait repris à titre de contre-projet la disposition votée par la Chambre sur le renvoi sans motifs légitimes, ayant cherché à établir, en ces termes, son identité avec la disposition de droit commun adoptée : « Est-ce qu'en « vertu même de l'art. 1ᵉʳ, les tribunaux n'auront pas à « tenir compte des motifs légitimes qui auront dicté « les décisions des Compagnies ? »

M. Cuvinot lui répond de la façon suivante :

« L'article 1ᵉʳ interdit comme l'article 1780 la per- « pétuité du contrat de louage ; l'art. 2, sans le dire « explicitement, reconnaît la légalité du louage per- « pétuel. La sanction qu'il édicte est exactement celle « qui s'imposerait aux tribunaux si la convention entre « les parties portait que l'engagement est fait pour « toute la vie de travail de l'employé.............. « .... Ce lien entre les parties qui les enchaîne « indéfiniment l'une à l'autre est la négation du prin- « cipe de liberté édicté par l'article 1780 ; une sem- « blable contradiction me paraît de nature à toucher « tous les jurisconsultes du Sénat. Ils n'admettront « pas que le Sénat déclare à l'article 1ᵉʳ qu'il main- « tient l'article 1780 et par l'article 2 le déchire » (p. 1069, col. 1).

Néanmoins M. Yyes Guyot insiste au nom du Gouvernement pour l'adoption et soutient que les tribunaux, pour appliquer l'article 1ᵉʳ, auront à examiner les motifs de résiliation (p. 1072, col. 3).

Nous avons parlé plus haut de divergences d'appréciation sur la portée de la disposition complétive de l'article 1780.

Si nous n'avions rencontré que les arguments par lesquels MM. Yves Guyot et Maze, dans un but politique avoué à la tribune, en vue d'obtenir quelque chose pour les agents de chemins de fer, s'efforçaient de persuader au Sénat que l'article 1er équivalait à l'examen des motifs de rupture, nous pourrions nous arrêter sur la réponse péremptoire de M. Cuvinot.

Les partisans de la disposition spéciale aux agents, par un sentiment très naturel, prenaient à tâche, ainsi que le remarqua M. Lacombe (p. 1085), d'en atténuer la portée pour enlever le vote.

Mais, c'est d'adversaires du texte voté par la Chambre et repris par M. Maze que devait venir la plus étonnante adhésion à la concordance des deux dispositions, la seule qu'on puisse invoquer à l'appui de la thèse soutenue au Dalloz.

M. Léon Renault, après avoir déclaré que M. Cuvinot lui semblait « avoir épuisé les raisons de décider « le Sénat à persister dans son premier vote » parle à son tour contre la disposition exceptionnelle et la combat par ce singulier argument qu'elle est inutile en tant qu'identique au texte de droit commun adopté.

« L'art. 1er du projet de loi, dit-il, a introduit dans notre « Code civil *une profonde modification. Il a fait ces-* « *ser un état de droit* qui permettait à chacune des par- « ties de mettre fin à un louage d'ouvrage ou d'industrie « *par sa seule volonté*, à moins qu'un terme n'eût été « expressément stipulé..... Que veulent dire ces mots : « peut donner lieu à des dommages-intérêts ? Ils ne « peuvent avoir qu'une signification c'est qu'il y aura « lieu à des dommages-intérêts si la rupture du con- « trat voulue par une seule des parties contractantes « *n'est pas appuyée de motifs légitimes*, car en dehors « de cette interprétation de la disposition ajoutée à « l'article 1780, il n'y en a pas d'autre que la raison « puisse concevoir, que la conscience puisse supporter.

« C'est une innovation dont la portée est considérable
« car, dorénavant, dans la matière de louage d'ou-
« vrage et d'industrie, le pouvoir de chacune des par-
« ties de rompre le contrat est subordonné à l'exis-
« tence de motifs légitimes » (Séance du 27 nov.).

C'est, on le voit, la théorie même qui a été depuis
soutenue au Dalloz et l'on pourrait y trouver un
puissant argument si, portée à la tribune lors de la
discussion sur l'article 1er, elle n'avait soulevé ni
protestations ni réfutation.

Mais l'article 1er était voté, et nous allons voir
qu'on a répondu très pleinement à la thèse de M. Léon
Renault.

M. Tolain (27 nov., p. 1080, col. 2) vint déclarer
que s'il fallait entendre de la sorte la disposition de
l'article 1er, elle entraînerait pour l'industrie en général,
tant du côté du patron que de celui de l'ouvrier « des
conséquences inadmissibles ».

M. Bernard (p. 1084) se rallia, il est vrai, nettement à la thèse de M. Renault, mais son intervention
amena à la tribune M. Lacombe, qui nous paraît
avoir donné la réfutation la plus précise de cette
erreur (p. 1086, col. 1).

M. Lacombe fit remarquer au Sénat que l'adoption
de la disposition subordonnant le droit de rupture
sans indemnité à l'existence de motifs légitimes, aurait
pour conséquence non seulement de déclarer licite
mais encore de présumer un contrat de louage perpétuel entre les Compagnies et leurs agents, alors que
l'article 1780 interdisait ce contrat entre tous autres.

Il releva d'autre part entre les deux dispositions
une différence essentielle qu'il formule ainsi :

« Dans l'article 1ᵉʳ vous résolvez une question de
« droit qui a fait difficulté pendant un certain temps,
« à savoir si le tribunal peut accorder des dommages
« intérêts au cas de rupture du contrat. Vous donnez
« en effet aux juges du fait la mission d'apprécier les
« circonstances dans lesquelles sont intervenues la
« convention d'abord et ensuite sa résiliation, et d'ac-
« corder des dommages-intérêts ; c'est une faculté que
« vous leur reconnaissez lorsqu'à leurs yeux les circons-
« tances et l'équité l'exigeront.

« Mais dans l'article 2 vous ne laissez plus la même
« latitude au tribunal ; vous dites d'une manière impé-
« rative : toutes les fois qu'il y aura rupture du contrat
« par la volonté d'une des parties et sans motifs légi-
« times, une indemnité sera due ».

Plus loin il dit encore : « Qu'est-ce qu'un motif
légitime et comment l'entendez-vous ? »

« En général, nous avons l'habitude de soutenir en
« droit que tout ce qui n'est pas défendu par la loi
« est permis.

« Le motif sera donc légitime *alors qu'il résultera*
« *de la simple volonté* de celui qui voudra rompre le
« contrat. L'entendez-vous ainsi ? Oui évidemment *si*
« *vous ne voulez pas rétablir le contrat de louage*
« *pesant à perpétuité sur les parties* ».

Nous bornerons là nos citations pour le Sénat. Les
paroles de M. Lacombe nous semblent répondre très
suffisamment, non sans doute à M. Léon Renault lui-
même, car M. Lacombe (p. 1086, col. 3) déclare qu'il
n'a pas attaché aux paroles de celui-ci le sens dogmatique et précis qu'on y trouve à la lecture, mais à la
thèse même de l'identité des articles 1 et 2.

M. Lacombe ajoute, du reste, que si M. Léon Renault, a entendu que l'article 2 ne différait pas *essentiellement* du projet de la Commission du Sénat, il lui est impossible de partager cette opinion.

D'ailleurs, pour en finir avec ce système de MM. Léon Renault et Bernard, comme avec les arguments que l'on pourrait tirer des déclarations contradictoires échappées à tel ou tel orateur, pendant la discussion des autres articles de la loi, nous ferons remarquer : 1° que lorsque tout cela a été porté à la tribune, l'article 1er était définitivement voté, qu'il l'avait toujours été sans faire l'objet d'aucune discussion depuis 1887, et que dès lors les paroles de M. Léon Renault ou de tout autre orateur n'ont pu avoir aucune influence sur son adoption ; 2° qu'il faut, en conséquence, se reporter aux déclarations faites à l'époque où il fut rédigé, discuté et voté pour la première fois si l'on veut en apprécier la portée ; 3° que les documents écrits, dont les termes ont été mûrement arrêtés comme les rapports Cuvinot, de 1885 et de 1890, et le rapport Poincaré ont une valeur interprétative bien supérieure à celle de discours improvisés comme celui de M. Léon Renault, qui l'avoue lui-même en débutant.

Nous pouvons donc, malgré cette divergence, affirmer que lors du deuxième passage au Sénat, l'antinomie existant entre l'article 1780 modifié et l'interdiction de rompre sans motifs légitimes ressort très clairement des débats et notamment des déclarations de MM. Cuvinot et Lacombe.

C'est dans cet esprit que l'article 2 fut rejeté par le Sénat.

IV. Adoption par la Chambre du projet de loi réduit par le Sénat a la disposition de droit commun (1890). — M. Poincaré, dans le rapport sur le texte voté au Sénat, lu en séance le 22 décembre, se contente de reproduire les explications qu'il avait données en 1888 sur le sens de jurisprudence et la nécessité de la simplifier, de la coordonner et de lui donner force de loi (Séance du 22 décembre, p. 2617). Il ajoute, il est vrai, que les employés de chemins de fer pour lesquèls il n'y a pas d'usage à invoquer souffrent en fait plus que tous les autres de cette jurisprudence et qu'ils profiteront plus particulièrement de la réforme générale, mais il ne fait aucune allusion à la prétendue identité découverte par M. Léon Renault entre la disposition du droit commun et la disposition portant examen des motifs légitimes tant de fois votée par la Chambre, ce qui pourtant eût rendu bien facile à expliquer l'abandon définitif de cette disposition.

La discussion fut courte, M. Antide Boyer, au nom du parti ouvrier, vint déclarer que la proposition actuelle « était bien différente de la proposition primitive », qu'il ne pouvait l'accepter « que comme un point de départ si peu satisfaisant qu'il parût, pour la législation future » (p. 2618).

M. Loreau donne à la Chambre quelques explications sur les déclarations faites à la Commission relativement au sens de la loi, il les résume ainsi :

« Il faut donc absolument qu'il soit établi par la « partie plaignante qu'il y a eu abus et ce n'est que dans « le cas net et précis où il y aurait eu abus jugé par le « tribunal qu'il pourrait y avoir lieu à dommages- « intérêts ».

Si l'absence de motifs légitimes avait dû être, comme le veut M. Léon Renault et comme on l'enseigne au Dalloz, le criterium de l'abus, on n'eût pas manqué de le dire à ce moment.

Groupons dans un ordre logique ce qui résulte de ces nombreuses citations.

Il est acquis : 1° que les rédacteurs de la loi de 1890 ont entendu « enregistrer la jurisprudence » de la Cour de cassation quant au principe de l'indemnité spécialement en ce qu'elle se refusait à admettre l'examen des motifs légitimes ; 2° qu'ils n'ont voulu innover que sur un point en visant expressément les versements et retenues en vue de la retraite parmi les éléments du quantum de l'indemnité ; 3° qu'au Sénat en 1885 et en 1887, à la Chambre en 1888, au Sénat et à la Chambre en 1890 (sauf l'opinion dissidente de MM. Léon Renault et Bernard), on a regardé comme inconciliable avec l'article 1780, complété la disposition soumettant à l'examen du juge la légitimité des motifs de résiliation.

Nous avons affirmé que la thèse soutenue au Dalloz était en contradiction formelle avec les débats parlementaires, la preuve est faite et surabondamment.

2° Examen du texte en lui-même.

Mais il y a plus, le texte de la loi étudié en lui-même ne fournit au système du Dalloz aucun point d'appui; bien mieux, ce système est en contradiction avec le principe supérieur qui domine toute la loi.

Que dit le texte, en effet ? Après avoir énoncé le principe du droit permanent de résiliation, il ajoute :

« Néanmoins la résiliation du contrat par la volonté
« d'un seul des contractants peut donner lieu à des
« dommages-intérêts ». Le législateur n'a pas dit, il
n'a pas voulu dire dans quels cas.

Quelle en est la raison ? S'il eût voulu, comme le
soutient M. Planiol, accomplir en la généralisant la
réforme tant demandée depuis 1874 pour les agents
des Compagnies et subordonner le droit de résiliation à
l'existence de motifs légitimes, pourquoi ne pas l'avoir
indiqué expressément ? C'était si simple ; la formule
était écrite depuis seize ans dans toutes les propositions de loi.

Dira-t-on, avec M. Léon Renault, que c'est la
seule interprétation possible ? qu'il n'y en a pas
d'autre « que la raison puisse concevoir » ? Mais, tout
au contraire, nous avons sous la main une interprétation traditionnelle non du texte actuel qui n'existait
pas, mais du principe d'équité sur lequel il repose,
appliqué par une jurisprudence constante. Quelle
raison de préférer à une tradition qui a pour elle la
pratique et à laquelle ceux qui ont fait la loi ont
déclaré ne pas vouloir déroger, une interprétation qui,
dans le silence de la loi, modifie radicalement l'essence
d'un contrat, et qui est en contradiction flagrante avec
les débats parlementaires ?

Enfin, objectera-t-on que si l'on rejette cette interprétation, la loi de 1890 n'a apporté aucune amélioration à la situation créée par la jurisprudence antérieure ? Nous pourrions répondre avec un de ses
auteurs, M. Clamageran, qu'il est quelquefois utile
de faire entrer une solution de la jurisprudence dans
la loi pour la fixer et pour en préciser les termes.

Mais la loi de 1890 a fait autre chose ; d'abord, elle a permis au juge de tenir compte, dans la fixation de l'indemnité, d'éléments dont il n'aurait pu faire état auparavant, mais surtout elle a interdit la renonciation anticipée à l'indemnité éventuelle pour rupture abusive, et c'est là une réforme dont l'importance frappera tout le monde, car le législateur ne déroge pas fréquemment au principe de la liberté des conventions posé par l'art. 1134.

Ce n'est pas tout : la loi de 1890 a « complété », et non « modifié », l'ancien article 1780. Le louage de services perpétuel, interdit depuis 1804 par application de la Déclaration des droits, est resté interdit et en tête des dispositions nouvelles, spéciales au louage de durée indéterminée, nous lisons la formule légale du principe constamment appliqué par la jurisprudence qui seul différencie ce contrat du louage perpétuel prohibé. « Le louage de services, fait sans détermination de durée, peut toujours cesser par la volonté d'une des parties contractantes ».

Eh bien ! si l'on admet le système du Dalloz, il ne reste rien du droit unilatéral de résiliation et le législateur, sans le dire, nous pouvons ajouter sans le vouloir, a rétabli le louage perpétuel et attenté au principe de la liberté individuelle.

Justifions cette proposition. Quelle serait dans notre droit la sanction de l'inexécution du louage de travail perpétuel, licite par hypothèse ? Aux termes de l'article 1142, toute obligation de faire se résout en dommages-intérêts en cas d'inexécution. Le loué à vie ne saurait donc être astreint, au cas où il reprendrait sa liberté, qu'à une indemnité. La devrait-il dans tous les cas ? Non, sans doute ; s'il est empêché par force majeure d'exécuter son contrat, l'article 1148 le dispense d'indemniser son créancier ; si l'autre partie n'a pas elle-même satisfait à son engagement, l'article 1184 le délie de son obligation.

Le louage perpétuel aurait donc dans notre droit le caractère d'un contrat résiliable à la volonté de chacune des parties moyennant indemnité, sauf en cas de force majeure ou de mauvaise exécution de l'engagement par l'autre partie.

N'est-ce pas là le caractère que l'on attribue au louage de durée indéterminée quand on prétend qu'il ne peut être rompu que moyennant indemnité sauf dans le cas de force majeure ou de mauvais services ?

Que reste-t-il, avec cette théorie, du double principe écrit dans l'article 1780, interdisant, par *a contrario*, le louage perpétuel et permettant, au contraire, le louage de durée indéterminée sous la double condition que chacune des parties pourra à tout moment reprendre sa liberté ?

C'est que si l'on entre dans le domaine de la conscience, si l'on veut donner au pouvoir judiciaire la mission de s'enquérir des motifs de nos actes, il n'y a plus de liberté ?

Sans doute, si l'on examine les conséquences de ce système du côté du patron, spécialement quand il s'agit d'une société anonyme comme une Compagnie de chemins de fer, bien que le principe de liberté soit également violé, on ne discerne pas aussi bien tout ce qu'a de choquant une pareille inquisition.

Mais il ne faut pas oublier que la loi a établi entre les parties une réciprocité rigoureuse et que cette confession que l'on demande au patron qui renvoie son employé, il faut également la demander à l'ouvrier qui veut quitter son patron.

Vous êtes un ouvrier habile et votre travail a formé une clientèle que la manière de faire d'un nouveau venu ne satisfera point, votre départ cause à votre patron un préjudice grave. Avez-vous perdu l'usage d'un membre ? Non. Votre patron a-t-il méconnu ses engagements envers vous ? Pas davantage. Il n'y a donc ni force majeure, ni mauvaise exécution par l'autre partie, vous n'avez pas de motifs légitimes, vous devez indemniser votre patron de tout le préjudice que vous lui causez.

Dira-t-on que nous exagérons, que nous interprétons trop étroitement le sens des mots *motifs légitimes* ? Nous avons suivi la définition même que le système en donne.

Et d'ailleurs, si moi, salarié, j'ai un motif caché de rompre, si des raisons d'honneur qu'il me faut taire me forcent à me retirer ; veut-on que mon silence m'oblige à des dommages-intérêts ?

N'avons-nous pas de fortes raisons de dire que le système du Dalloz portait atteinte à la liberté individuelle ?

Tout cela d'ailleurs a été dit et répété par ceux qui ont repoussé la disposition subordonnant le droit de résiliation à l'existence de motifs légitimes et adopté le texte aujourd'hui écrit au Code (notamment MM. René Brice, Drumel, Trarieux à la Chambre, MM. Cuvinot, Lacombe au Sénat).

On a de plus fait très justement remarquer que l'absolue liberté de rompre était la seule sauvegarde

du salarié en face de l'omnipotence industrielle (Cf.
M. Trarieux à la Chambre 1881), que subordonner
ce droit à l'existence de motifs appréciables par les
tribunaux c'était porter une atteinte grave au droit de
coalition (Cf. MONGIN, *Rev. critique*, 1893). Que, d'autre part. la responsabilité patronale (et cet argument
prend une force toute particulière en matière de chemins de fer) doit avoir pour corrélatif la liberté dans
le choix du personnel (Cf. MM. René Brice, Cuvinot,
etc...).

Nous pouvons donc conclure avec M. Marc Sauzet,
qui a publié sur la matière une remarquable étude
dans les *Annales de droit commercial* (1891), qu'il n'y a
pas excès quand l'une des parties rompt même sans
motifs, « qu'il faut ce degré d'indépendance mutuelle
« pour que l'article 1780 ancien ne soit pas violé, qu'il
« le faut aussi pour satisfaire aux exigences de la pro-
« duction industrielle avec ses hauts et ses bas, qu'il le
« faut enfin, soit pour que le patron dans les indus-
« tries dangereuses ait l'autorité qui seule explique sa
« responsabilité, soit pour que l'ouvrier puisse à chaque
« instant profiter de conditions de travail meilleures ».

*Véritable portée de la disposition relative à l'indemnité au cas
de rupture abusive*

Le législateur de 1890, nous l'avons dit et prouvé,
n'a pas entendu innover en ce qui regarde le droit
éventuel à indemnité. Il a voulu simplement « enregistrer » la jurisprudence antérieure de la Cour de
cassation. Nous n'avons donc pour interpréter la loi,
qu'à nous reporter aux règles déduites par nous de

l'examen approfondi de cette jurisprudence et à les développer sommairement.

1° L'usage du droit, reconnu par la loi à chacune des parties, de rompre à tout moment le contrat de louage de durée indéterminée ne saurait par lui-même constituer une faute ni rendre passible de dommages-intérêts.

C'est l'application à la matière de la maxime du droit romain *neminem lœdit qui suo jure utitur.*

2° Toutefois si celui contre qui le contrat a été rompu en *éprouve un préjudice.*

C'est *l'eventus damni* nécessaire dans toute action en indemnité.

Remarquons qu'il en sera presque toujours ainsi pour les agents de chemins de fer révoqués puisque presque tous participent à une retraite et que la révocation leur fait perdre leurs droits éventuels à une pension.

Si c'est l'agent qui se retire, la Compagnie pourra aussi, bien que plus rarement, être lésée, si par exemple il s'agit d'un agent chargé d'études techniques dont l'achèvement presse et que son remplaçant, ignorant du dossier, ne pourra terminer en temps voulu.

3° Il pourra obtenir une indemnité, *à charge de prouver (incumbit onus probandi ei qui dicit).*

A. Soit que des *délais de congé* fixés par la *convention* ou par *l'usage* ont été violés.

C'est dans ce cas une indemnité *contractuelle de congé* basée sur l'article 1134 si le délai a été expressément stipulé, sur l'article 1135, si les parties se sont référées à l'usage.

Nous savons qu'il n'existe pas d'usages dans les

chemins de fer mais les règlements de certaines Compagnies prévoient l'allocation d'une quinzaine ou d'un mois de traitement à l'agent révoqué, sauf dans certains cas. Il y aurait donc lieu, si l'une de ces Compagnies était partie au procès, de tenir compte de cette convention écrite dans les règlements.

B. Soit que la rupture a eu lieu au mépris d'une *clause expresse ou tacite* du contrat.

Ici c'est une indemnité *contractuelle de renvoi* également basée sur les articles 1134 et 1135. Par exemple si les règlements de la Compagnie dont l'agent est présumé avoir pris connaissance lorsqu'il a traité portent que le congédiement sera précédé d'avertissement et qu'il ait été renvoyé sans avoir fait l'objet de cette mesure préalable.

C. Soit qu'il y a eu *faute* de la part de celui qui a résilié, engageant sa responsabilité.

Ici c'est une indemnité *délictuelle de renvoi* basée sur l'article 1382.

Quand donc pourra-t-il y avoir faute?

Nous savons déjà que la faute ne peut résulter de l'usage du droit de résiliation même sans motifs légitimes. La jurisprudence à laquelle le législateur a entendu se référer était formelle sur ce point, et nous avons montré que l'examen des motifs était inconciliable avec la liberté de rompre.

C'est là le point le plus délicat dans l'interprétation de la loi de 1890.

Le législateur n'a pas dit ce qui pourrait constituer une faute; il est même peu probable qu'il y ait songé, car nulle part aux débats on ne trouve d'indication sur cette question. On s'est contenté de dire que le tribunal jugerait en équité. C'est bien vague et bien dangereux, car c'est par des arguments d'équité qu'on a édifié la théorie de l'examen des motifs légitimes. Quelle règle devra donc guider le juge?

Nous l'emprunterons à l'étude déjà citée de M. Marc Sauzet.

Il faut, suivant lui, dans le silence de la loi, prendre comme criterium d'appréciation de la faute un principe juridique et appliquer à la matière la théorie sur l'article 1382 formulée par M. Saleilles dans son « Essai d'une théorie générale de l'obligation d'après le projet de Code civil allemand ».

Cette théorie a pour elle l'autorité considérable de M. Larombière. Elle repose tout entière sur cette considération d'équité : La règle *neminem lœdit qui suo jure utitur* n'est vraie que de l'*usage* du droit, elle ne saurait en légitimer l'*exercice abusif*.

Résumons rapidement cette théorie :

Pour qu'il y ait délit civil et application de l'article 1382, deux éléments sont nécessaires :

1° Un élément *matériel,* le fait dommageable. Tout fait même licite, même constituant l'exercice d'un droit peut réaliser cet élément, il suffit qu'il porte un préjudice ;

2° Un élément *personnel,* la faute. Ici, il faut distinguer suivant la nature du fait. S'il est contraire au droit *illicite*, la seule connaissance de ce caractère suffit à constituer la faute.

Mais s'il est bon en soi, c'est alors un fait d'*intention* qui peut constituer la faute.

« Tout exercice de la volonté, dit M. Saleilles, qui
« sans constituer une violation d'un droit, ni une con-

« travention à une loi, a *pour but de nuire* à autrui,
« est par le fait même délictuel ».

Dans cette hypothèse il faut donc plus que la pré-
vision, que la conscience du dommage, il faut l'*intention* de le causer.

C'est ce même principe que M. Ronjat, procureur
général à la Cour de cassation formulait en ces termes :
« L'usage d'un droit cesse d'être licite quand il a pour
« *unique mobile* la volonté de nuire à autrui (Cass.,
« 22 juin 1892, Sirey, 93, 1, 48) ».

Si nous faisons avec M. Sauzet l'application de ce
principe au louage de services, nous arrivons à la
règle suivante :

L'usage du droit de résiliation *ad nutum,* légitime
en lui-même, peut donner lieu à indemnité si celui
qui l'exerce a « non pas simplement connu le préju-
« dice qu'il allait causer, *mais s'il l'a voulu* », ce sont
les termes mêmes de M. Sauzet.

Il faut donc, pour qu'il y ait faute délictuelle et
droit à indemnité, que *le but principal*, M. Ronjat
dit même « le but unique », du résiliant, ait été de
nuire à l'autre partie. C'est aux tribunaux qu'il appartient de juger si l'acte de résiliation présente ce caractère.

Nous empruntons encore à M. Sauzet, la conclusion
du système que nous adoptons pour l'interprétation
du troisième alinéa de la loi de 1890. Le résumé qui
termine son étude sur le droit à indemnité dans
l'article 1780 est, en effet, parfaitement d'accord avec
tout ce que nous avons dit sur ce point.

« 1° La cause, le principe de l'action en indemnité
« ouverte par l'alinéa 2, ce n'est pas seulement le

6

« *préjudice* éprouvé par la victime de la résiliation,
« c'est *la faute* de l'auteur de la résiliation et cette
« faute consiste, soit dans la violation d'un *usage* ou
« d'*une condition expresse ou tacite* du contrat, soit
« hors ces cas, dans la volonté de causer le préjudice
« conformément à l'article 1382 du Code civil.

« 2° C'est au demandeur à justifier du préjudice et
« à prouver la faute ».

Ce système nous paraît répondre très pleinement à
la pensée du législateur, il est d'accord avec la tradition, il s'appuie sur les principes généraux de droit,
il a cet avantage capital de ne pas innover, dans le
silence de la loi, ce qui est le vice rédhibitoire du
système de l'examen des motifs. Enfin, il échappe aux
critiques de M. Laurent, car l'application de l'article
1382 y est réduite au cas où il y a eu intention de
nuire, le seul où elle lui paraisse admissible (v. *supra*).

Et pour répondre à un dernier argument de M. Planiol, suivant qui, en dehors de l'examen des motifs
légitimes, on ne saurait citer aucun exemple, même
théorique, de faute du patron sur le fond du renvoi,
supposons qu'un patron, une Compagnie, dans le but
d'échapper aux charges résultant pour elle de la
liquidation de la retraite de ses agents, en renvoie,
méthodiquement, un certain nombre après de longs
services mais avant l'âge de la retraite. Ne trouvons-
nous pas, dans cette hypothèse, l'intention de nuire
comme but de la rupture. Et croit-on que dans ce cas
il serait difficile aux intéressés d'obtenir une indemnité ?

Du délai à observer.

En dehors des deux systèmes que nous venons d'exposer, il convient d'indiquer une tendance qui s'est dessinée en jurisprudence et suivant laquelle celui qui rompt le contrat doit, dans tous les cas, accorder un délai assez long pour que le révoqué puisse trouver un autre emploi (si c'est le patron qui résilie), pour que le patron puisse assurer le remplacement (si c'est l'ouvrier qui s'en va).

En ce sens (Cour de Paris, 21 nov. 1895, *Gazette des Tribunaux*, du 5 déc. 1895 ; Trib. de la Seine, 19 nov. 1895, *Gazette des Tribunaux*, 5 avril 1896).

M. Planiol, dans sa note sous Dijon (20 juin 1895, D. P., 2, 161), a fait justice de cette tendance et maintenu que le délai, conformément à l'ancienne jurisprudence, ne pouvait résulter que de la convention ou de l'usage.

Du contrôle de la Cour de cassation.

Les circonstances de fait qui constituent la faute ou permettent d'en constater l'inexistence doivent être relevées par le juge du fond pour que la Cour de cassation puisse les contrôler.

En ce sens, Cass., req., 28 juillet 1897, D., 98, I, 16.

De la révocation d'un agent par application du décret-loi de 1852.

Il existe une hypothèse dans laquelle aucune réclamation ne saurait être admise de la part de l'agent révoqué.

C'est lorsque la Compagnie a été requise par le Ministre des Travaux publics, en vertu du décret-loi de 1852, de prononcer la révocation.

Nous verrons plus loin la nature et la portée de ce décret et les quelques applications qui en ont été faites.

La Compagnie est, dans ce cas, couverte par le Ministre des Travaux publics ou, plus exactement, par le Pouvoir exécutif. C'est un acte politique, c'est le fait du prince, contre lequel il n'y a d'autre recours que le droit de pétition admis par la Constitution ou la voie parlementaire de l'interpellation (Cf. SCHAFFAUSSER et LABORI, p. 39 ; CARPENTIER et MAURY, t. 2, n° 409 ; PICARD, *Traité des Chemins de fer*).

Cela a d'ailleurs été formellement déclaré à la tribune du Sénat par le Ministre des Travaux publics, répondant au rapporteur, M. Cuvinot (Séance du 25 novembre 1890, p. 1073).

Il existe en ce sens un arrêt du Tribunal de Rouen du 8 juin 1872 D., 74, III, 521).

Etat de la doctrine.

Nous aurons maintenant peu de chose à dire sur la doctrine. Nous avons exposé, pour le réfuter, le système soutenu par MM. Baudry-Lacantinerie et Planiol.

A l'appui de notre thèse nous pourrons invoquer d'abord M. Marc Sauzet auquel nous avons emprunté la solution d'un point délicat et qui est d'accord avec nous sur le sens des débats parlementaires et sur le caractère traditionnel de la loi de 1890. Toutefois M. Sauzet se sépare de nous sur un point. Il enseigne en effet que la faute telle qu'il l'a définie, devra être présumée dans un cas, lorsque le salarié participe à une caisse de retraites.

Nous avons démontré suffisamment pour n'y pas revenir que si le législateur a eu l'intention d'innover en ce qui concerne les retraites, c'est seulement en permettant au juge de tenir compte parmi les éléments de l'indemnité des versements et retenues en vue de la retraite.

M. Sauzet s'appuie sur une parole prononcée par M. Cuvinot. Elle ne saurait infirmer tout un ensemble de documents parlementaires, précis et concordants, dont deux rapports de M. Cuvinot lui-même.

Nous pouvons également citer à l'appui de notre système une étude de M. Mongin (*Revue critique*, 1893, t. XXII). L'auteur après avoir, exposé les différentes interprétations données à l'article 1780 complété, se rallie à la théorie de M. Sauzet sur la nature de la faute délictuelle pouvant servir de base à l'indemnité.

MM. Carpentier et Maury, dans leur *Traité pratique des chemins de fer* (t. II, n° 2395), « sont d'avis que « la loi nouvelle ne paraît pas modifier profondément « les solutions qui résultaient de la jurisprudence « sur le principe même de l'indemnité, mais que les « modifications paraissent plus graves en ce qui touche « le chiffre même de l'indemnité ».

C'est précisément ce que nous avons dit ; ajoutons, pour préciser, qu'en parlant de la jurisprudence antérieure, MM. Carpentier et Maury visent bien celle de la Cour de cassation en tant qu'elle interdisait d'accorder une indemnité pour renvoi sans *motifs légitimes*. Ils ont, en effet, dans le n° 2368 du même ouvrage, groupé les arrêts qui ont proclamé ce principe.

Enfin, il existe une monographie de la loi de 1890 publiée dans le recueil des lois nouvelles par MM. Schaffauser, Labori et Gompertz.

Ils sont d'accord avec nous pour admettre que la loi de 1890 n'a pas modifié mais complété l'article 1780 ; que les travaux préparatoires de la loi établissent clairement que les juges n'auront pas à examiner tout d'abord s'il y a ou non motifs légitimes ; que le caractère intempestif du renvoi est indépendant de l'existence de ces motifs ; que c'est à celui qui réclame des dommages-intérêts de prouver que la rupture a été abusive ; enfin qu'il ne pourra y avoir lieu à examen des motifs que si le résiliant s'est mis, suivant leurs propres expressions, « en dehors du droit commun » par inobservation du contrat ou des usages.

Mais ils restreignent l'application de la loi de 1890 aux contrats présentant une certaine durée, ce qui nous parait inadmissible. La durée du contrat ne peut influer que sur le quantum de l'indemnité.

Citons encore, dans le sens du non examen des motifs légitimes par le juge, Hubert Valleroux *(Le Contrat de Travail*, p. 304 et s.) ; Louis André et Léon Guibourg (*Le Code Ouvrier*, p. 61).

Application par la jurisprudence de l'alinéa de la loi de 1890 relatif au droit éventuel à indemnité.

Un des principaux avantages de la loi nouvelle devait être, suivant ses auteurs, de simplifier et de préciser la jurisprudence.

Sous ce rapport, la loi n'a pas atteint son but, tant s'en faut. Depuis 9 ans qu'elle est promulguée, les tribunaux et les cours d'appel n'ont pas su se mettre d'accord sur la nature de la faute qui peut donner lieu à indemnité.

La Cour de cassation elle même dont la jurisprudence semble enfin fixée dans notre sens, a successivement, par ses arrêts ou par les déclarations individuelles de membres de la Cour ou du Parquet, adhéré aux deux systèmes en présence.

Nous citerons d'abord les décisions des tribunaux et cours d'appel qui viennent à l'appui de notre thèse, puis celles qui sont dans le sens contraire.

Enfin, nous examinerons la jurisprudence de la Cour de cassation.

1⁰ Décisions conformes au sytème qui écarte l'examen des motifs de rupture.

Dans le sens de notre système, nous trouvons :

« Il est nécessaire, pour qu'il y ait lieu à indemnité,
« que le demandeur prouve d'une façon nette et pré-
« cise qu'il y a eu abus dans les conditions où le congé
« a été donné (Trib. comm., Lille, 26 mai 1891, D., 91,
« III, 88).

« Attendu que la rupture du contrat de louage de
« services par la volonté de l'une ou de l'autre des
« parties est, à la vérité, *l'exercice d'un droit indé-*
« *niable* dont l'appréciation échappe d'une manière
« absolue à l'autorité judiciaire, soit *quant à la réalité,*
« soit *quant à la légitimité des griefs allégués,* mais
« que tout en conservant une liberté entière à cet
« égard, les contractants doivent observer néanmoins
« les délais consacrés par l'usage ainsi que toutes les

« autres conditions expresses ou tacites de l'engage-
« ment » (*Paix*, Reims, 6 juin 1891 ; *Gazette des*
« *Tribunaux*, 4 septembre 1891).

« Avant comme après la loi de 1890, le contrat de
« louage de services contracté sans durée déterminée
« peut toujours et à tout instant prendre fin par la
« libre volonté de l'un ou de l'autre des contractants.
« La partie qui résilie et rompt le contrat, usant en cela
« *d'un droit incontestable dont l'exercice ne saurait*
« *être subordonné à l'appréciation par les tribunaux*
« *de la légitimité des causes de résiliation* » (Tribunal
civil, Carpentras, 5 juillet 1892 ; *Gazette des Tri-*
bunaux, 13 décembre 1892).

« La résiliation par la volonté d'un seul des con-
« tractants peut donner lieu à des dommages-intérêts,
« si elle apparaît comme contraire aux *usages, voulue*
« *méchamment et de façon à nuire*, ou brusquement
« imposée, malgré des services engagés ou certaines
« *conventions annexes* (C. Paris, 15 novembre 1892;
« *Gazette des Tribunaux*, 8 janvier 1893).

« Attendu que quels qu'aient été les motifs qui ont
« décidé la Compagnie, obligée de restreindre son
« personnel, à renvoyer certains agents plutôt que
« d'autres, elle n'a fait qu'user d'un *droit légitime*
« consacré par l'art. 1780 qui a été *complété mais*
« *non pas modifié* par la loi du 27 décembre 1890
« (Tribunal de Grenoble, 23 janvier 1893, D., 93, II,
« 377).

« Attendu que le louage de services dont la durée
« n'est pas limitée *peut toujours cesser par la libre*
« *volonté de l'un ou de l'autre des contractants* à la
« charge d'observer les délais de congé commandés

« par l'usage ainsi que les autres conditions expresses
« ou tacites de l'engagement, que spécialement une
« Compagnie, *en congédiant même sans motifs sérieux*
« un employé qui n'est pas engagé à son service pour
« un temps déterminé, ne fait *qu'user de son droit* et
« ne saurait être passible de dommages-intérêts, si
« elle n'a commis aucune faute, ni infraction aux
« conditions de l'engagement (Seine, 1er juillet 1893 ;
« *Gazette des Tribunaux*, 5 juillet 1893).

« La modification apportée à l'article 1780 par la
« loi du 27 décembre 1890 a eu surtout en vue de
« consacrer la jurisprudence déjà existante (Tribunal
« civil Albi, 6 novembre 1893, *Gazette des Tribu-*
« *naux*, 16 décembre 1893).

« Attendu que la loi du 27 décembre 1890 *n'a fait*
« *que consacrer une jurisprudence constante*, en
« vertu de laquelle l'engagement pour louage d'ou-
« vrage ou d'industrie pouvait toujours prendre fin
« par la volonté d'une seule des parties contractantes,
« quand la durée n'en avait pas été déterminée par le
« contrat, qu'elle n'a pas davantage innové en édic-
« tant que la résiliation par une seule des parties peut
« donner lieu à des dommages-intérêts, mais qu'il
« résulte de la discussion de cette loi que ces dom-
« mages-intérêts ne seront alloués que dans le cas
« d'abus et qu'il devra être justifié nettement de cet
« abus par la partie plaignante (C. Agen, 7 janvier
« 1895 ; D., 1896, II, 40).

« Si un patron peut renvoyer *quand bon lui semble*
« *et même sans motifs légitimes son employé,* c'est à
« la condition de ne pas lui causer par ce brusque
« renvoi un dommage immérité » (C. Rennes, 14 janv,
1896, S., 1895, II, 16).

2° **Décisions dans le sens de l'examen des motifs légitimes.**

« Attendu qu'il est établi que le demandeur est
« entré au service d'Henri et Cie, postérieurement à
« la loi du 27 décembre 1890. Qu'il échet dès lors
« de rechercher si le renvoi dont Richardot a été l'ob-
« jet a eu des *causes légitimes* » (Ch. de com. Seine,
5 mai 1891 ; *Gazette des Tribunaux*, 2 juin 1891).

« Attendu qu'il ne saurait être question de répara-
« tion qu'autant que la Compagnie *n'aurait pas eu de*
« *motifs légitimes* de révocation (Tribunal Seine,
15 juin 1893, Lamé Fleury, *Bulletin annoté des Chemins de fer*, 1893, p. 59).

« Attendu qu'il y a lieu de faire l'application dans
« l'espèce de la loi du 27 décembre 1890, *qui a*
« *modifié* l'art. 1780 du Code civil..... et plus loin....
« sans qu'on articulât *aucun motif sérieux* (Ch. com.
« Niort, 14 juin 1893, *Gazette des Tribunaux*, 13
« novembre 1893).

« Attendu qu'aux termes du paragraphe 2 de la loi
« du 27 décembre 1890, l'allocation de dommages-
« intérêts est purement facultative, qu'il appartient
« donc aux tribunaux d'apprécier si la résiliation du
« contrat, lorsqu'elle émane de l'une des parties seu-
« lement, est *nécessaire, légitime, fondée* (Ch. com.
« Seine, 30 janvier 1894, *Gazette des Tribunaux*,
« 11 mars 1894).

« Attendu qu'aux termes de l'art. 1780 nouveau du
« Code civil, la rupture du contrat par la volonté
« d'un seul des contractants, peut donner lieu à des
« dommages-intérêts si le renvoi n'est pas fondé sur

« des motifs sérieux (Tribunal civil, Seine, 7 juillet
« 1894 : *Gazette des Tribunaux*, 12 juillet).

« Attendu que la demande doit être admise si la
« résiliation a été intempestive, ou si elle a été impo-
« sée arbitrairement ;

« Attendu que la révocation ayant été fondée sur
« des motifs sérieux et n'ayant pas été prononcée
« arbitrairement, ne peut donner lieu à des dommages-
« intérêts » (Cour Rouen, 29 décembre 1894, D., 1895,
II, 228. Citons encore dans le même sens : C. Mont-
pellier, 8 novembre 1892, Sirey, 1895, II, 4 ; Tribunal
civil Aurillac, 7 mars 1895, *Gazette des Tribunaux*,
12 septembre 1895 ; C. Dijon, 20 juin 1895, D., 97,
II, 161 ; Cour d'appel Chambéry, 11 mars 1896,
Gazette des Tribunaux, 9 mai 1896 ; C. Rouen,
9 mai 1896, *Gazette des Tribunaux*, 9 septembre
1896 ; C. Alger, 20 mai 1896, D., 97, II, 161 ; Tribunal Albi, 8 juillet 1897, *Gazette des Tribunaux*,
27 juillet 1897).

Il est inutile de pousser plus loin ces citations, elles
sont suffisantes pour établir que la loi de 1890 n'a
pas simplifié la jurisprudence et que bien au contraire
son application divise profondément les tribunaux.

3° Jurisprudence à la Cour de cassation.

Nous avons dit qu'à la Cour de cassation les deux
opinions avaient des représentants et que les arrêts
eux-mêmes, que la jurisprudence de la Cour suprême
portaient la trace de ce double courant d'idées.

Nous allons examiner par ordre de date plusieurs
arrêts de principe, nous y joindrons à titre d'indica-

tion, sur le courant d'opinions qui règne à la Cour, plusieurs manifestations des sentiments personnels de membres de la Cour ou du parquet.

Tout d'abord, en 1894, nous relevons dans le discours de rentrée de M. l'Avocat général Sarrut, les déclarations suivantes : « La loi de 1890 *a modifié* « l'état de choses résultant de l'art. 1780 ancien.... « aujourd'hui, si la rupture du contrat est intempes- « tive, *sans motifs légitimes* et occasionne un préju- « dice, le juge pourra accorder des dommages-inté- « rêts.... ».

« Le congédiement doit être justifié par la conduite « de l'ouvrier, la cessation du commerce, la nécessité « de réduire le personnel ou *tout autre motif dont* « *le juge appréciera le bien fondé* » (*Journal officiel* du 18 octobre 1894, p. 5011).

C'est exactement le système du Dalloz.

La même année, nous trouvons un rapport de M. le Conseiller Letellier à la Chambre des requêtes, dans lequel ce magistrat cherche à fixer la portée de la loi de 1890.

Après avoir cité, d'après Dalloz, plusieurs passages des discussions parlementaires et fait ressortir la confusion qui, suivant lui, en résulte, M. Letellier tire de cette confusion un argument contre ceux qui ont voulu voir dans la loi une innovation considérable.

La loi de 1890, dit-il, ne contient pas en termes exprès l'innovation qu'a cru y voir l'auteur du mémoire. « *Pour innover, il faut le dire ;* or, le texte « est muet et, loin de déroger au principe posé dans « l'ancien art. 1780, la loi nouvelle n'a fait, comme « le proclamait le rapporteur, M. Cuvinot, et comme

« le porte du reste son premier paragraphe, que com-
« pléter cet article.

« Elle ne pouvait pas d'ailleurs faire autrement. Si
« en effet le contrat de louage de services sans détermi-
« nation de durée ne devait prendre fin que du consen-
« tement mutuel des parties, s'il n'était pas *révocable*
« *ad nutum*, chacun des contractants pourrait le pro-
« longer indéfiniment par son refus de résilier. Il en
« résulterait ainsi, pour l'un comme pour l'autre, un
« engagement perpétuel, ce qu'interdit formellement
« le § 1er de l'article 1780.

« La loi nouvelle n'a donc rien changé et ne pou-
« vait rien changer au principe antérieur qui permet-
« tait aux parties engagées sans détermination de durée
« de se séparer suivant leur *fantaisie*.

« *Complétant* seulement et *consacrant par un texte*
« *de loi les décisions de la jurisprudence*, elle a
« entendu proscrire l'abus que feraient les parties de
« cette faculté de résilier.

M. le Conseiller Letellier était donc d'accord avec
nous pour reconnaître qu'il n'y a pas *d'innovation*
dans la loi, que le législateur n'a pu innover *tacitement*, qu'il n'a pas modifié mais *complété* l'article 1780,
que si le louage de durée indéterminée n'était pas
révocable *ad nutum* « suivant la *fantaisie* des parties,
« il équivaudrait au louage perpétuel interdit, et que
« la loi de 1890 n'a fait que consacrer en les complé-
« tant les décisions de la jurisprudence (D., 94,
« I, 237 ».

La chambre des requêtes, suivant en cela l'avis du
rapporteur, n'a pas tranché la question de l'indemnité
pour renvoi sans motifs légitimes, l'arrêt attaqué ne
nécessitant pas que cette question fût posée.

Dans un rapport plus récent, M. Letellier abandonne cette manière de voir et déclare que « la loi nouvelle a « permis à l'employé de discuter les motifs de son « renvoi... et que cette loi a donné aux juges qui ne « pouvaient prononcer de dommages-intérêts qu'en « cas de faute le droit de l'allouer en toutes circonstances » (D., 95, I, 36).

C'est, on le voit, tout l'opposé du rapport ci-dessus, c'est même aller plus loin que M. Planiol qui admet qu'une faute est nécessaire.

La Chambre des requêtes a rendu suivant ce rapport l'arrêt ci-dessous :

« La Cour, attendu que l'art 1780, complété par la « loi du 27 décembre 1890, ne reconnaît pas à l'em- « ployé engagé sans détermination de durée et congédié « par son patron le droit d'obtenir en toutes circons- « tances des dommages-intérêts, qu'il lui permet seule- « ment de les réclamer et qu'il laisse aux tribunaux le « droit de décider souverainement si une indemnité est « dûe .....que la Cour de Bastia s'est fondée sur ce « que le congédiement n'avait été donné ni sans motifs « sérieux, ni sans cause légitime, d'autre part sur ce « qu'il n'avait rien eu d'intempestif ni de brutal... « rejette.

Cass. req., 14 novembre 1884, D., 95, I, 316.

La Chambre des requêtes semble bien avoir fait siens les attendus de l'arrêt de Bastia refusant l'indemnité en raison de ce que le congédiement n'avait été « ni sans motifs sérieux, ni sans causes légitimes » d'où par *a contrario*, il y aurait eu indemnité si l'auteur de la rupture n'avait excipé de motifs sérieux, de causes légitimes.

En 1895, la Cour de cassation a eu à se prononcer sur le fond même de la question, dans un arrêt rendu en Chambre du Conseil, sur rapport de M. l'Avocat général Rau.

Examinons d'abord le rapport : M. Rau, après avoir résumé les dispositions de la loi de 1890, constate qu'elle présente une lacune, puisqu'après avoir indiqué l'éventualité de l'indemnité en cas de rupture, elle omet de préciser dans quels cas elle devra être accordée.

Il expose ensuite que deux théories sont en présence : celle qui fait de l'inexistence de motifs légitimes le *criterium* du droit à indemnité et celle que nous avons adoptée, à laquelle M. Rau se rallie sans réserve. Il la justifie d'abord par la genèse de la loi, puis par le texte même « qui proclame la faculté de résiliation ».

« Il s'agit, dit-il, d'un droit reconnu expressément
« par le législateur au profit de chacune des parties.
« Or *l'exercice d'un droit ne peut engager la respon-*
« *sabilité* de celui qui en use normalement. Pour
« réussir dans une demande de dommages-intérêts,
« l'autre contractant sera donc tenu d'établir que le
« droit a été dépassé, qu'il en a été fait par son adver-
« saire un *emploi abusif* constituant une faute parti-
« culière ».

M. Rau ajoute qu'on a dit à tort que dans ce système, la loi a été sans utilité puisque : « 1° elle a
« entendu que les tribunaux se montreraient *plus larges*
« *dans l'appréciation* des faits à considérer comme
« constitutifs de la faute. » Nous croyons avoir démontré le contraire, la loi ne le dit pas et il résulte

des débats parlementaires qu'on a voulu « enregistrer
« la jurisprudence antérieure ».

2° Elle a augmenté le nombre des éléments dont il
faut tenir compte, une fois la faute établie pour fixer
le montant de l'indemnité.

3° Enfin elle a déclaré illicite la renonciation anticipée aux dommages-intérêts.

Examinant ensuite « en quoi consistera la faute
« spéciale dérivant de la loi nouvelle », il déclare
qu'il est impossible « de tracer des règles absolues ».
Il indique comme nous l'avons fait, la violation
d'usages constants ou de la convention expresse ou
tacite, il vise également *l'intention de nuire à l'autre
partie.*

En dehors de ces cas il faudra, dit-il, « examiner
« de près les circonstances » et il cite des exemples :
« Voici une partie qui a laissé imprudemment croire
« à l'autre que les services auraient une certaine
« durée, voici un patron qui a dans sa maison certai-
« nes habitudes..... il fait une exception au détriment
« d'un de ces ouvriers et le congédie brusquement ».

Ces deux exemples nous semblent mal choisis, le
premier s'il passait en règle n'irait pas à moins qu'à
créer parmi les louages de travail à durée indéterminée une classe spéciale de contrats à longue durée,
ce que le législateur a formellement repoussé (voir
suprà) ; le deuxième mettrait la partie qui rompt dans
l'obligation de faire connaître les motifs de la rupture.

Enfin M. Rau déclare que l'appréciation des juges
du fond sur les conséquences juridiques à tirer des
faits constatés tombe sous le contrôle de la Cour
suprême, ce que l'arrêt de la Chambre des requêtes

du 14 mars-novembre 1894, cité plus haut, semblait écarter en disant « que les tribunaux ont le droit de « décider souverainement si une indemnité est due ».

Il conclut en ces termes : « En résumé, j'estime « d'une part qu'une condamnation à des dommages- « intérêts ne peut intervenir qu'autant qu'une faute « particulière est constatée, et d'autre part que la dé- « cision du juge du fait relativement à l'existence de « cette faute demeure soumise au contrôle de la Cour».

Dans ses grandes lignes, et sauf les réserves formulées ci-dessus, ce rapport vient à l'appui de la thèse que nous avons soutenue.

L'arrêt est ainsi conçu : « Attendu que le louage de « services fait sans détermination de durée peut tou- « jours cesser par la volonté d'une des parties con- « tractantes, mais que cette résiliation peut donner « lieu à des dommages-intérêts, lorsque la partie qui « en est l'auteur a *fait de son droit un usage abusif* « *et préjudiciable* que le juge du fond doit relever les « circonstances desquelles il peut résulter, soit l'exis- « tence, soit l'inexistence de cette faute pour que la « Cour de cassation puisse exercer son contrôle »... (Cassation, ch. civ., 20 mars 1895, D., P., 1895, I, 249).

Examinons cet arrêt; il reproduit d'abord textuellement l'alinéa de l'article 1780 nouveau par lequel le législateur a entendu affirmer le droit que l'on niait aux parties de rompre le contrat *ad nutum*. Puis, toujours comme l'article 1780, il indique la possibilité de l'indemnité et il ajoute qu'il faut pour cela que l'auteur de la rupture « ait fait de son droit un usage abusif et préjudiciable ».

Tout ceci est parfaitement d'accord avec notre sys-

7

tème ; la Cour, suivant en cela le rapporteur, n'a pas voulu assurément sanctionner le système de l'examen des motifs légitimes, puisqu'il lui suffisait pour cela de déclarer qu'il y avait lieu à dommages-intérêts lorsque l'auteur de la rupture avait agi sans motifs légitimes.

On ne l'a pas dit et cette constatation a une force probante d'autant plus grande que le rapporteur avait nettement indiqué les deux théories en présence et que les termes mêmes employés par la Cour *usage abusif* semblent bien impliquer qu'elle a en vue la théorie qui rejette l'examen des motifs et cherche la cause à l'indemnité, la faute dans l'abus du droit de rompre.

Nous pouvons donc retenir l'arrêt comme le rapport à l'appui de notre thèse.

L'arrêt ajoute conformément aux décisions de M. Rau, que le juge du fond doit relever les circonstances constitutives de la faute.

En 1896, la Chambre des requêtes rend trois arrêts identiques ainsi conçus : « La Cour......, attendu qu'en « présence de la condamnation (pour vol), prononcée « (contre le révoqué), le 29 juillet, la Compagnie se « trouvant autorisée sérieusement à douter de la pro- « bité de son employé avait le 5 août, *un motif légi-* « *time* pour résilier le contrat, sans être légalement « obligée d'attendre le résultat de l'appel interjeté, « qu'en agissant comme elle l'a fait elle n'a donc *pas* « *abusé* de son droit de résiliation, rejette... (Cass., Requêtes, 22-28 juillet 1896, D. P., 1897, I, 401 et 2).

Donc la Compagnie n'a pas abusé de son droit, parce qu'elle avait un motif légitime, d'où, par *a con-*

trario, elle aurait abusé si elle n'en avait pas eu. C'est la thèse même de M. Planiol, et on conçoit qu'on ait invoqué ces arrêts comme absolument confirmatifs de ses théories.

Mais en 1897, la Chambre civile de la Cour, saisie de nouveau, rend un arrêt qui nous semble décisif.

Il est ainsi conçu : « La Cour, attendu que l'ouvrier « congédié brusquement par le patron auquel le liait « un contrat de louage de service fait sans détermina- « tion de durée, ne peut obtenir de dommages-intérêts « que s'il prouve, en même temps que le préjudice « qui lui a été causé, *la faute* que le patron aurait « commise *en abusant du droit qu'il avait de résilier* « *le contrat par sa seule volonlé.*

« Attendu que le jugement attaqué..... ne *relève* « *aucune faute* à la charge de la société, qu'il se borne « *à déclarer que le renvoi a eu lieu sans motifs légi-* « *times* ; qu'il ajoute, il est vrai, que le renvoi paraît « avoir eu pour cause le rôle de l'ouvrier congédié, « dans la tentative de constitution d'un syndicat pro- « fessionnel, mais que cette circonstance ne saurait « établir que la Société a abusé de son droit et commis « une faute alors qu'il est constaté par le même juge- « ment que la propagande de Ségala s'exerçait dans « l'intérieur des ateliers, qu'en effet si le patron doit « respecter la liberté de ses ouvriers hors de l'atelier « et s'il peut y avoir faute de sa part à les renvoyer « brusquement pour avoir usé d'une faculté que la loi « leur reconnaît, ceux-ci par contre sont soumis dans « l'atelier à son droit de police dont l'exercice ne peut « engager sa responsabilité lorsqu'il n'est contraire ni « à la loi, ni à l'usage, ni à la convention...». Casse

(Cass. Ch. civ., 19 juin 1897; *Gaz. des Trib.* du 28 septembre).

Cet arrêt nous semble absolument décisif. Dans une première partie toute dogmatique, il proclame que l'ouvrier congédié ne peut obtenir d'indemnité qu'en prouvant, outre le préjudice, *la faute* commise par le patron *en abusant* de son *droit* de révocation *ad nutum*, et que cet abus ne résulte pas de l'*inexistence de motifs légitimes*.

Sans doute, une fois ces principes posés, et ils le sont aussi nettement que possible, l'arrêt semble entrer en fait dans l'examen du motif de renvoi, mais la raison en est bien simple; l'ouvrier congédié alléguait et le jugement attaqué relevait que la Société l'avait chassé pour cause de propagande syndicale et qu'elle aurait ainsi contrevenu au droit que la loi de 1884 a reconnu à tous les salariés; la Cour avait donc à examiner si à ce point de vue il y avait eu réellement faute du patron. La distinction qu'elle pose et sur laquelle nous reviendrons a pour but, non pas d'établir que le patron avait ou non un motif légitime de renvoi, mais de déterminer si le fait allégué par l'ouvrier et résultant des débats constituait une faute délictuelle de nature à motiver l'indemnité.

Cet arrêt offre d'autant plus d'intérêt qu'il a été rendu contrairement aux conclusions de M. l'Avocat général Sarrut, dont nous avons vu plus haut l'adhésion au système de l'examen des motifs légitimes.

De l'examen par le juge des motifs de résiliation.

Suit-il de ce que nous avons dit que jamais les

tribunaux n'auront à tenir compte des motifs de résiliation? Non assurément; d'abord dans la plupart des cas, il suffira au résiliant pour écarter l'intention de nuire, si elle est alléguée contre lui, d'indiquer les motifs sérieux qu'il a pu avoir de rompre le contrat. Mais retenons bien qu'à l'inverse il ne suffirait pas au demandeur de prouver que ces motifs n'existaient pas pour établir son droit à indemnité. Car l'exercice du droit de résiliation, même sans motifs, est par lui-même légitime (Cf. Sauzet) et l'on peut concevoir des hypothèses dans lesquelles l'existence des motifs légitimes ne serait pas exclusive de la faute (Cf. Trarieux, Sénat, séance du 27 novembre 1890, p. 1090).

D'autre part, lorsque le résiliant aura commis une faute contractuelle, soit par inobservation des délais, soit par violation d'une clause expresse ou sous-entendue du contrat, il pourra, dans certains cas, échapper à l'obligation de payer une indemnité en faisant la preuve qu'il a eu des motifs légitimes non de résilier (ce qui est son droit) mais de violer la loi du contrat. C'est l'application à la matière des principes écrits dans les articles 1148 et 1184 (Cf. Schaffauser et Labori, cités *suprà*; Tr. Carpentras, 5 juillet 1892, *Gazette des Tribunaux*, 12 décembre 1892; Planiol, note sous Dijon, 20 juin 1895, D. P., 95, II, 161).

Il serait donc intéressant, tant à ce point de vue qu'à celui de l'application du système soutenu au Dalloz, de savoir quels motifs pourront être tenus pour légitimes.

Les tribunaux ont sur ce point toute latitude d'appréciation, mais ils ne jugent pas souverainement; leurs décisions sont soumises au contrôle de la Cour suprême (Ch. civ., 13 janvier 1892, D. 92, I, 15. Cf. conclusions du rapport de M. Rau, D. P. 1895, I, 249; Cas. civ., 20 mars 1895).

M. Planiol groupe les motifs légitimes sous deux chefs : *a) mauvais services* (c'est-à-dire mauvaise exécution du contrat par la partie contre laquelle il est rompu) ; *b) force majeure.*

Il est impossible d'indiquer tous les cas qui peuvent rentrer sous ces deux rubriques : ce sont là des questions d'espèces qui peuvent varier à l'infini, mais nous pouvons citer, à titre d'exemple, quelques décisions intéressantes.

Il a été jugé, en ce qui concerne le personnel des chemins de fer ou pour des industries similaires :

Que le *refus* par un agent de chemin de fer *de se rendre à son poste* constitue une faute grave pouvant motiver le renvoi, sans que l'indemnité stipulée fût exigible (Cass., ch. civ., 13 janvier 1892, D. P., 3, 92, I, 157);

Que la *publication*, par un agent de chemins de fer, *d'une brochure contenant des critiques très vives* contre le comité de direction de sa Compagnie, constituait un motif légitime de révocation (Tr. civ. Seine, 15 juin 1893, *Gazette des Tribunaux*, 3 juillet 1893) ;

Que *l'abandon sans autorisation* d'un poste impliquant une responsabilité, constituait une faute grave permettant le renvoi brusque sans préavis et sans indemnité (Carpentras, 5 juillet 1892, *Gazette des Tribunaux*, 12 décembre 1892).

Que *l'indiscipline et le refus de travail* d'un agent de chemins de fer légitiment son renvoi sans indemnité (Tr. civ. Lyon, 10 janvier 1894, *Gazette des Tribunaux*, 31 août 1894).

Que l'*absence sans autorisation* constituait une faute qui, sans priver l'agent du bénéfice du délai conventionnel, le rendait inadmissible à réclamer une indemnité de renvoi (Cass., req. 21 novembre 1893, *Gazette des Tribunaux*, 22 novembre 1893).

Que l'*outrage à un chef dans le service et sans provocation* était un motif légitime de renvoi (Trib. Seine, 29 fév. 1896, Lamé Fleury, *Bulletin annoté des Chemins de fer*, 1896, p. 100);

Que l'immoralité de la femme d'un agent de chemins de fer, connue de son mari et devenue pour lui une source de profits, était un motif légitime de renvoi (Cour d'appel Paris, 6 janvier 1897, Lamé Fleury, *Bulletin annoté des Chemins de fer*, 1897, p. 80);

Que l'*ivresse dans le service, après avertissement,* était un motif légitime (Trib. civ. Seine, 24 mars 1896; *Gaz. des Trib.*, 13 mai 1896);

Qu'une condamnation pour vol constitue un motif légitime de renvoi, alors même que le révoqué a interjeté appel (Cass. req., 22 juillet 1896; Cass., 28 juillet 1896, D. P., 97, I, 402);

Que la propagande syndicale à l'intérieur de l'atelier constitue un motif légitime de renvoi (Cass. civ., 19 juin 1897, *Gaz. des Trib.*, 28 septembre 1897).

De la preuve.

Dans le système que nous soutenons, la preuve est forcément à la charge de celui contre qui le contrat a été rompu.

Que ce soit, en effet, l'ouvrier renvoyé ou le patron

quitté qui réclame une indemnité, il devra prouver ou bien que les délais d'usage ou conventionnels n'ont pas été observés, ou bien que la loi du contrat a été violée, ou bien enfin qu'il y a eu faute délictuelle de la partie qui a rompu le contrat.

Dans le système que nous avons combattu, la solution est la même en ce qui concerne l'indemnité de congé et la réparation de la faute contractuelle, mais quant à la demande basée sur l'absence de motifs légitimes, deux opinions sont en présence.

Selon la première, qui seule pousse jusqu'au bout la logique du système, c'est à celui qui a rompu le contrat de prouver qu'il avait des motifs sérieux de rompre.

Selon la deuxième, c'est, suivant le droit commun, au demandeur à établir que la rupture a eu lieu sans motifs légitimes.

Cette opinion qui est exposée et fortement motivée au Sirey (1895, I, 314), a le grand avantage de corriger dans une large mesure les inconvénients du système de l'examen des motifs légitimes et à ce titre nous n'hésitons pas à nous y rallier, mais on peut lui reprocher d'imposer au demandeur de faire la preuve d'un fait négatif, ce qui équivaut presque à une impossibilité.

L'arrêt cité au Sirey met la preuve à la charge de l'ouvrier demandeur (Cass. civ., 20 mars 1895 ; Sirey, 1895, I, 314 ; Cf. également Sirey (Note) 1895, II, p. 212).

Nature de l'indemnité — Éléments dont le juge doit tenir compte pour en fixer le quantum.

Nous avons vu que l'indemnité peut avoir pour cause une violation des délais d'usage ou conventionnels. Elle a, dans ce cas, le caractère d'une indemnité de congé.

Lorsqu'elle a pour cause une violation de loi du contrat ou une faute du résiliant, c'est une indemnité de rupture abusive.

Ces deux caractères peuvent d'ailleurs concourir.

Nous croyons que le quantum de l'indemnité varie suivant son caractère.

S'il s'agit d'une simple indemnité de congé, elle se trouve naturellement limitée au chiffre du salaire afférent à la période du délai violé, car la faute commise par le résiliant n'a pu porter préjudice au-delà de ce salaire (Cf. PLANIOL, note sous Dijon, 20 juin 1895, D., II, 161).

Mais, s'il s'agit d'une rupture abusive, la loi a voulu que le juge eût la plus grande latitude pour apprécier le dommage et fixer l'indemnité.

Le troisième alinéa de la loi du 27 décembre 1890 énumère en ces termes les éléments dont le juge aura à tenir compte « le cas échéant », c'est-à-dire lorsque la cause de l'indemnité aura été établie :

Les usages. — Nous savons qu'il n'en existe pas dans les chemins de fer. Cette absence d'usages a même été une des raisons qui ont fait croire que la Cour de cassation appliquait aux employés une jurisprudence contraire à celle dont bénéficiaient les salariés de l'industrie.

La nature des services engagés. — Le législateur a voulu dire par là « que l'indemnité devait varier sui « vant la difficulté du travail, la valeur de l'employé, « le genre d'industrie d'art ou de commerce » (Rapport Poincaré, 1888, p. 24).

Le temps écoulé. — Cette considération a été intro-

duite dans l'énumération par la Commission de la
Chambre de 1888 qui y attachait une grande importance, estimant, à bon droit, qu'un agent « qui a con-
« sacré plusieurs années de sa vie à un établissement,
« a plus de droits, s'il est congédié, à la bienveillance
« de la justice qu'un employé nouveau qui n'avait pas
« encore l'espoir d'avoir une situation définitive »
(Rapport Poincaré, 1890).

*Les retenues opérées et les versements effectués en
vue d'une pension de retraite*. — C'est ici le point sur
lequel le législateur a entendu innover, le rapport de
M. Cuvinot le dit formellement, et on peut aisément
se l'expliquer, car le préjudice le plus sérieux que
puisse éprouver le salarié révoqué, c'est la perte de
ses droits éventuels à la retraite.

La jurisprudence antérieure n'avait pu, sur ce point,
donner satifaction aux réclamations des salariés révoqués. Spécialement en matière de chemin de fer, elle
n'avait pu que faire aux parties l'application de la loi
de leur contrat. Or, la plupart des règlements de
caisse des retraites des Compagnies portaient à l'origine que les retenues étaient acquises à la caisse du
jour où elles étaient opérées sans qu'il pût y avoir
lieu à répétition, ce qui est d'ailleurs de l'essence des
caisses tontinières. La Cour de cassation avait donc, par
des arrêts répétés, fait à la matière l'application de
l'art. 1134 (Cf. notamment 28 avril 1874, D., 74, I,
304 ; 10 mai 1875, D., 75, I, 98 ; 24 mai 1876, Sirey,
76, I, 320, etc.).

Aussi dès que la question de substituer aux propositions spéciales aux agents de chemins de fer une
réglementation générale du louage de travail eut été

posée aux Chambres, on s'inquiéta des conséquences de la rupture, en ce qui regarde les droits à la retraite.

En 1881, M. Trarieux soumit à la Chambre un contre-projet qui n'échoua qu'à égalité de voix, aux termes duquel la rupture abusive du contrat devait entraîner « la restitution par le résiliant de tout ce « qu'il avait reçu en vue d'une plus longue exécution « du contrat, sans qu'il puisse opposer de stipulations « contraires » (séance du 26 février 1881).

Ce contre-projet fut repris par M. Rodat devant la Chambre de 1882 qui fut également saisie d'un contre-projet de M. Goblet, conçu dans le même esprit, accordant le droit à « réparation du préjudice causé en « cas de rupture sans motifs à tous les salariés *parti-* « *cipant à une Caisse de retraites* ». Ces deux projets furent repoussés.

Au Sénat, en 1885-1887, M. Cuvinot présenta en son nom personnel une disposition aux termes de laquelle la rupture du contrat devrait, dans tous les cas, laisser subsister les droits à la retraite. Cette disposition, adoptée en première lecture, fut rejetée en deuxième délibération à cause des dangers qu'elle parut présenter pour l'existence des caisses de retraites fondées sur le principe tontinier et que signala notamment le Ministre des Travaux publics, M. Loubet.

Réduite à la simple indication d'un élément de l'indemnité, la réforme n'en a pas moins une grande importance, car elle permet au juge de tenir compte d'éléments dont il ne pouvait faire état avant la loi.

En effet, la Chambre avait adopté en 1888 une rédaction ainsi conçue : « Les conventions légalement « formées entre les parties, notamment au sujet des

« pensions de retraite » et il avait été bien stipulé dans le rapport qu'on entendait par là proportionner l'indemnité *aux sacrifices* que l' « employé avait faits « avant le jour de son renvoi » (Rapport Poincaré, 1888, p. 24, 25). Le Sénat modifia cette rédaction en lui donnant la forme actuelle qui vise expressément les retenues et les versements. « Le mot *sacrifices*, dit le rapport de M. Cuvinot, implique certainement la pensée que les tribunaux devraient tenir compte seulement des retenues opérées sur les salaires. Votre commission avait admis qu'il convenait de comprendre dans la même formule les retenues opérées *et les versements effectués par le patron*, elle estime encore aujourd'hui que ces versements prévus par la convention peuvent constituer un des éléments essentiels de dommages-intérêts » (Rapport Cuvinot, 1890, p. 18).

Le juge aura donc à tenir compte tout à la fois des retenues faites à l'agent et de la dotation patronale.

La loi contient sur ce point une importante innovation. Il est bien certain que jamais sans ce texte il n'eût été possible à un tribunal de tenir compte de ce dernier élément. Le Sénat a tranché là à tort, suivant nous, une grosse question économique, celle de savoir si les sacrifices que s'impose le patron en vue de la retraite éventuelle de ses employés sont un élément actuel du salaire.

Mais le rapport de M. Cuvinot est formel et d'ailleurs le texte vise expressément les deux sources qui alimentent une caisse de retraites retenues sur le salaire de l'agent, versements faits par le patron lui-même ; il n'y a pas d'autre interprétation possible.

Il est vrai que lors du retour à la Chambre du texte

modifié par le Sénat, M. Loreau (Séance du 22 décembre 1890), s'appuyant sur le rapport de M. Poincaré de 1888, déclara que l'indemnité serait proportionnée aux sacrifices faits par l'employé, mais son erreur s'explique par la rapidité avec laquelle la Chambre adopta le projet sur rapport verbal, et le document sur lequel s'appuyait M. Loreau est précisément celui dont on a voulu corriger l'effet en modifiant le texte.

M. Marc Sauzet est d'accord avec nous sur ce point, MM. Schaffauser et Labori, tout en signalant la contradiction entre les déclarations faites au Sénat et à la Chambre concluent dans le même sens.

« *Et en général toutes les circonstances qui peuvent* « *justifier l'existence et déterminer l'étendue du pré-* « *judice causé* ». — Ce dernier terme de l'énumération montre qu'elle n'est nullement limitative, mais énonciative et qu'on a voulu laisser au juge toute latitude dans la fixation.

De la renonciation anticipée au droit éventuel à indemnité.

Le 5ᵉ alinéa de la loi de 1890 est ainsi conçu : « Les « parties ne peuvent renoncer à l'avance au droit éven- « tuel de demander des dommages-intérêts en vertu « des dispositions ci-dessus ».

Cette interdiction des stipulations contraires n'avait pas été insérée au texte voté par le Sénat en 1888. M. Naquet avait bien présenté un contre-projet qui comprenait une disposition conçue dans le même esprit, mais ce contre-projet avait été retiré avant de venir en discussion.

C'est la Commission de la Chambre de 1888 qui, pour donner aux dispositions de droit commun votées par le Sénat et adoptées par elle le caractère d'ordre public, détacha des dispositions spéciales aux agents de chemins de fer, afin de l'appliquer à l'ensemble de la loi, une disposition ainsi conçue : « Toute stipula-« tion contraire aux dispositions des deux articles pré-« cédents est nulle de plein droit ».

Quand le Sénat, appelé à se prononcer sur ce texte en 1890, écarta en première délibération les dispositions exceptionnelles, cette clause disparut avec elles. Mais, en deuxième lecture, l'idée en fut reprise à la fois par MM. Bernard et Trarieux, le premier avec la rédaction adoptée à la Chambre, le deuxième avec les termes aujourd'hui écrits dans la loi.

Cette dernière rédaction avait paru à la Commission du Sénat plus précise que celle de la Chambre, on l'avait calquée sur l'article 791 qui interdit de renoncer aux successions non ouvertes.

Le but du paragraphe additionnel était, dit M. Trarieux, d'assurer l'exécution de la loi par l'interdiction de s'y soustraire au moyen de conventions contraires (séance du 28 novembre 1890).

Donc, et cela ne fait pas de difficulté, il est interdit d'insérer au contrat de louage d'ouvrage une clause par laquelle les parties ou l'une d'elle renonceraient à l'avance au droit éventuel de demander des dommages-intérêts pour rupture abusive.

· Notons que ceci n'est vrai que de l'indemnité de rupture abusive et que la renonciation à l'indemnité de brusque renvoi est licite, puisque l'obligation de donner un délai et l'indemnité qui la sanctionne ne peuvent avoir pour source que la convention des parties ou l'usage auquel les parties peuvent déroger par convention expresse (En ce sens : Cass. civ., 30 oct. 1895 ; *Gaz. des Trib.*, 13 nov. 1895).

De la fixation anticipée de l'indemnité.

Mais le législateur a-t-il entendu par là prohiber également la fixation par les intéressés d'une clause de dédit, d'une clause pénale.

1° Travaux préparatoires de la loi.

La discussion du § additionnel au Sénat est formelle en ce sens.

Dans la séance du 28 novembre 1890 (p. 1095) M, Trarieux s'exprime ainsi : « Une telle convention « ne serait pas opposable » et plus loin « fixer un « chiffre de dommages-intérêts, par avance, n'est-ce « pas évidemment renoncer par avance au droit de « faire fixer ces dommages-intérêts par le juge ».

Dans la même séance (p. 1096-97) M. Humbert, président de la commission, répond à une question posée par le Président du Sénat : Comment voulez- « vous admettre une clause pénale peut être illusoire, « visant un préjudice qui n'est pas connu. Si vous « l'admettiez, ce serait renoncer dès à présent, moyen- « nant cette clause, qui serait peut-être très faible, « au droit dont il s'agit ».

Enfin, pour en finir avec les citations, M. Trarieux, avant le vote, conclut en ces termes (p. 1100) : « Je « réponds que, si en principe nous permettions de « fixer par avance les dommages-intérêts par des

« clauses pénales, nous aurions à redouter surtout
« qu'elles ne servissent de moyen pour éluder une loi
« que nous voulons rendre obligatoire. Quant aux
« clauses pénales sérieusement et équitablement sti-
« pulées par les parties, nous n'avons pas à nous en
« préoccuper, car il nous a paru d'évidence qu'elles
« feraient forcément la loi des tribunaux appelés à
« en apprécier le caractère....., mais ce que nous ne
« voulons pas, c'est que la porte reste ouverte à des
« simulations et à des fraudes et c'est pour ce motif
« que nous avons tenu à réserver en toute hypothèse
« ce contrôle, s'il plaisait aux parties à leurs risques
« et périls de s'y référer ».

Il n'y a donc pas de doute possible, on a voulu prohiber non seulement la renonciation expresse, mais la renonciation indirecte résultant de la fixation conventionnelle de l'indemnité. On a voulu que dans tous les cas, même lorsque cette fixation aurait été sincère, les tribunaux puissent être appelés à en apprécier la sincérité.

2° État de la doctrine.

Tous les auteurs qui ont traité la question sont d'accord pour reconnaître que telle est la portée de la prohibition écrite dans la loi, mais avec des nuances qu'il est intéressant de connaître.

M. Baudry-Lacantinerie enseigne que la clause pénale fixée à l'avance *est nulle* comme la renonciation elle-même.

M. Mongin admet que la loi ne prohibe pas seulement la renonciation totale au droit à indemnité mais encore « que les tribunaux *ne sont pas liés par des*

« *clauses pénales* ou par *les usages* qui fixent le mon-
« tant de l'indemnité ». Il appuie cette opinion : 1° sur
ce que autrement la prohibition pourrait être tournée ;
2° sur le pouvoir illimité d'appréciation qui résulte
pour le juge du dernier terme de l'énumération des
éléments de l'indemnité : « toutes les circonstances, etc. ».

MM. Schaffauser et Labori se contentent de déclarer
que la question a été posée au Sénat et de citer les
passages concluants dans le sens de la prohibition des
clauses pénales.

M. Marc Sauzet traite la question dans les termes
suivants qui cadrent à merveille avec sa théorie sur
l'application de l'art. 1382 : « La loi nouvelle ne
« déclare pas *a priori* nulles les clauses pénales, mais
« elle suspend sur ces conventions annexes la menace
« de leur inutilité, si le juge y découvre d'après les
« faits, d'après les circonstances, les intentions, quel-
« ques traces d'injustice ». On a voulu, suivant lui,
apporter le même tempéramment d'équité au droit
de fixer l'indemnité qu'à celui de rompre *ad nutum.*
A l'appui de ce système, il fait remarquer que le
droit à indemnité pour rupture abusive ne découle
pas du contrat, mais de la faute extra-contractuelle
constatée en équité par le juge, en application de
l'art. 1382, et qu'on ne peut transiger à l'avance sur
l'intérêt civil qui résulte d'un délit, cet intérêt ne
pouvant être apprécié tant qu'il n'est pas né. Il invoque
aussi la substitution au texte de la Chambre, portant
nullité de plein droit des stipulations contraires,
du texte actuel portant simplement *interdiction de
renoncer* au droit éventuel, ce qui implique, suivant
lui, qu'on a voulu, non pas interdire absolument les

stipulations contraires, mais les prohiber dans la mesure où elles contrarieraient l'équité.

M. Sarrut, avocat général à la Cour de cassation (discours précité) admet également qu'il n'y a pas nullité proprement dite mais que sur ce point « la con-« vention n'est pas obligatoire pour le juge ».

Enfin M, Planiol distingue suivant la nature de l'indemnité. S'agit-il d'une indemnité de *brusque renvoi ou de départ,* la seule possible suivant lui avant la loi de 1890, les parties ont le droit de la fixer par avance. S'agit-il au contraire d'une indemnité de *renvoi non motivé* (celle dont le principe aurait été posé par la loi de 1890), il lui semble bien résulter des débats du Sénat qu'on a entendu prohiber au moins la stipulation d'une indemnité dérisoire (D., 1893, 2, 545, sous Commerce Seine 9/9 92).

Sans adopter absolument le système de M. Planiol ni celui de M. Sauzet, il nous semble qu'une distinction s'impose en effet. S'agit-il de *l'indemnité simple de congé* (celle qui a pour base la violation simple d'un délai contractuel ou d'usage) nous croyons qu'elle peut être fixée à l'avance car le montant du préjudice est adéquat au salaire du délai fixé (En ce sens : Cass., 6 novembre 1895, D., P., 1896, I, 286). S'agit-il de l'indemnité de *rupture abusive*, soit qu'elle ait sa source dans la violation d'une clause du contrat, soit qu'elle résulte de l'application de l'article 1382, nous croyons que la fixation anticipée est prohibée tout au moins en ce qu'elle est inutile et ne lie pas le tribunal.

Nous avons dit que c'était là l'innovation capitale de la loi. En effet, jusqu'alors les parties, en contractant, pouvaient par une clause expresse échapper aux conséquences de la rupture quelles qu'en fussent les conditions, et cette clause était d'un usage courant dans certains établissements, notamment dans les grands magasins de Paris (Ménagère, Samaritaine, Petit Saint-Thomas, Bon Marché, etc...). Désormais, toutes les fois qu'il y aura rupture abusive, le chiffre de l'indemnité ne sera limité que par l'appréciation du juge.

3° **Etat de la jurisprudence.**

A. Au point de vue de la renonciation pure et simple il a été jugé que la clause du contrat interdisant de réclamer une indemnité au cas de rupture était « nulle de plein droit » (Ch. comm. Seine, 5 mai 1891, *Gazette des Tribunaux*, 1ᵉʳ juin); « inefficace et non avenue » (Paix, Reims, 6 juin 1891, *Gazette des Tribunaux*, 4 sept. 1891) ; que la clause portant que le patron pourrait « remercier un ouvrier sur le champ, en « lui payant avant son départ le salaire dû à ce « moment, est illicite » (Cass. req., 22 janvier 1894. Pourvoi du sieur Kimpe contre jugement du Tribunal de Commerce de Lille; Cass., Ch. civ., 9 juin 1897, D. P., 97, I, 107 ; Cass. req., 6 août 1897, *Gazette des Tribunaux*, 7 août).

B. En ce qui concerne la fixation anticipée de l'indemnité de renvoi, nous trouvons des divergences dans les décisions des Cours et Tribunaux. D'abord *l'indemnité dérisoire* est toujours tenue pour nulle par assimilation à la renonciation elle-même (En ce sens : Aix, C. d'appel, 3 mars 1897, *Gazette des Tribunaux*, du 28 avril 1897).

Dans le sens de la *validité de la clause* sérieuse, on

peut citer (T. com. Seine, 1892, D., 1893, II, 545 ;
T. com. Seine, 3 juin 1893, *Gazette des Tribunaux,*
29 juin (le premier de ces jugements s'appuie sur l'article 1134, le deuxième sur l'article 1152) ; Cour
d'Aix, 3 mars 1897 (à condition que la fixation ait
été sérieuse) Sirey, 1897, II, p. 140.

Mais la jurisprudence de la Cour de cassation est
formellement dans le sens de la nullité absolue (Cf.
Cass., req., 23 janvier 1894, *Gazette des Tribunaux,*
23 janvier ; Cass., 20 mars 1895, D. P. 1895, I, 317).

A quelles contestations s'applique la loi du 27 décembre 1890 ?
A-t-elle un effet rétroactif?

Remarquons que l'importance de la question varie
suivant le système adopté, quant au principe de
l'indemnité. Si l'on admet que la loi de 1890 a modifié
la situation résultant de la jurisprudence antérieure, il
est d'une importance capitale de déterminer, quand il
y aura lieu pour le tribunal d'examiner la légitimité
des motifs de résiliation.

Si au contraire on admet, comme nous l'avons fait,
qu'elle n'a innové qu'en ce qui concerne le *quantum*
de l'indemnité et l'interdiction des stipulations contraires, l'intérêt sera beaucoup moindre.

1° Travaux préparatoires de la loi.

A ne considérer que les débats parlementaires, la
question ne fait pas de doute. La loi de 1890 n'a
aucun effet rétroactif. Les déclarations faites au Sénat
sont formelles sur ce point.

Séance du 20 février 1888 (p. 176, col. 1), M. Gustave

Humbert, président de la commission, s'exprime ainsi : « Messieurs, il est très facile de répondre à la « question qui vient d'être posée. Les principes géné- « raux du droit suffisent, la loi dont il s'agit *ne peut* « *avoir d'effet rétroactif* et si la proposition qui est « faite est adoptée, elle ne s'appliquera pas aux contrats « en cours d'exécution ».

Séance du 13 mars 1888 : M. Poriquet s'appuie sur la déclaration ci-dessus de M. Humbert pour montrer que la loi n'ayant pas d'effet rétroactif, les vieux ouvriers plus intéressants seront moins bien traités que les nouveaux. Pour profiter de la loi, dit-il, « l'ouvrier « devrait avoir soin d'exiger de son patron, au lende- « main de la promulgation, de nouvelles conventions » (Séance du 13 mars, p. 297, col. 2 et 3).

M. Lacombe (p. 305, col. 1), ayant émis l'avis que la loi nouvelle régirait « non seulement les conven- « tions qui interviendront sous son empire mais « encore les conventions antérieures en ce qui con- « cerne l'exécution », M. Humbert lui répond (p. 305, col. 1) « Maintenant on soulève une question de « rétroactivité qui m'étonne encore davantage et l'on « nous dit : quel sera le sort des ouvriers qui ont « contracté sous l'empire d'une convention ? Est-ce que « leur situation sera réglée d'une autre manière après « la promulgation de la loi nouvelle ? Non, en thèse « générale. Toutes les fois qu'une convention a été « faite sous l'empire d'une loi particulière, elle ne peut « pas être détruite, à moins d'un texte formel par une « loi nouvelle. Ce sera donc toujours l'ancienne loi qui « réglera le sort des conventions entre les parties, « même postérieurement à la promulgation de la pré- « sente loi ».

Tout cela semble absolument décisif, et cependant la question est controversée en doctrine et en jurisprudence.

2° Etat de la doctrine.

Nous ne trouvons pas moins de trois systèmes en présence.

1° M. Mongin (*Revue critique*, 1893, p. 342), distingue suivant la solution adoptée en ce qui concerne le principe de l'indemnité : pour ceux qui admettent que la loi de 1890 a innové, pas de rétroactivité ; pour ceux qui admettent « qu'elle a seulement appliqué une « théorie générale en la rendant plus impérieuse et « plus certaine sans introduire un principe nouveau, « rétroactivité ». M. Mongin, qui repousse le système de l'examen des motifs légitimes, est donc partisan de la rétroactivité.

Cette distinction serait très juste si la loi n'avait réglé que la question du principe de l'indemnité, mais nous avons vu qu'elle a apporté, sur d'autres points, des innovations considérables. Le système de M. Mongin doit donc être écarté comme défectueux.

2° M. Baudry-Lacantinerie admet qu'il y a rétroactivité en ce sens que la loi s'applique non aux ruptures antérieures à sa promulgation, mais à la rupture postérieure de contrats antérieurement passés.

Il s'appuie sur les arguments suivants : 1° il faut présumer la rétroactivité quand la loi est d'ordre public ; or, on a dit à plusieurs reprises, au cours des débats, que l'alinéa 5 de la loi avait pour but de donner le caractère d'ordre public au droit éventuel à indemnité ; — 2° s'il en était autrement, la loi n'aurait pas d'application, car les Compagnies ont un moyen de l'éluder en transformant leurs contrats actuels en contrats à court terme avec renouvellements successifs.

Répondons de suite à ces deux arguments :

a) Quant au caractère d'ordre public, nous avons vu par l'interprétation donnée à l'alinéa 5 par M. Marc Sauzet, qu'il n'implique pas nécessairement ce caractère.

D'ailleurs, l'impliquât-il que nous répondrions avec avec MM. Carpentier et Maury (*Traité des Chemins de fer*, t. II, N° 2403). « Les lois qui réglementent les « effets n'ont pas nécessairement, parce qu'elles « reposent sur des considérations d'ordre public, un « effet rétroactif ».

b) Quant au danger de voir les Compagnies éluder la loi en substituant des contrats à court terme renouvelables aux contrats de durée indéterminée en vigueur, nous ferons remarquer que l'atteinte portée aux effets de ces contrats antérieurs par la rétroactivité pourrait à plus forte raison déterminer les patrons à les modifier et que cette mesure moyennant qu'elle fût sincère et d'accord avec les employés, ne présenteraient rien d'illicite.

3° M. Planiol, dans une note publiée au Dalloz, où il critique un arrêt de la Cour d'Orléans que nous examinerons plus loin, s'exprime ainsi : « Les relations « juridiques dérivant des contrats ne sont pas modifiées « par la survenance d'une loi nouvelle. Elles ne sont « touchées ni dans leurs effets actuels, ni même dans « leurs effets futurs » (D., 1893, II, 466).

Il repousse donc formellement tout effet rétroactif ; c'est absolument notre avis et nous sommes heureux d'invoquer ici son autorité qui, dans le cas où son système sur le principe de l'indemnité viendrait à prévaloir en jurisprudence, en restreindrait au moins l'application aux seuls contrats postérieurs à la loi.

M. Planiol cite à l'appui de sa thèse :

Demolombe, *Publication des lois*, n° 54 ; *Contrats*, n° 360) ; Aubry et Rau (4e édition, t. I, § 30) ; Laurent, t. I, n°s 196, 207 à 210, 221 à 236) ; Hue (t. I, n°s 72 à 78).

MM. Schaffauser et Labori sont également opposés à la rétroactivité. Il en est de même de MM. Carpentier et Maury (t. II, n°s 2400 à 2403).

3° Etat de la jurisprudence.

Sur ce point, la jurisprudence ne paraît pas avoir été plus heureuse que sur les autres.

On trouve, il est vrai, des décisions qui font une saine application des principes et déclarent que la loi de 1890 « n'ayant pas d'effet rétroactif, n'a pu en rien « modifier les effets d'un contrat de louage de ser- « vices, antérieur à sa promulgation (Trib. com. Seine, « 5 mai 1891, *Gazette des Tribunaux*, 1er juin, Grol- « lemund). »

Mais on trouve aussi des décisions faisant application de la loi à la rupture de contrats antérieurs, sans même indiquer pour quelle raison il y aurait lieu à cette rétroactivité (T. civ. Carpentras, 5 juillet 1891, *Gazette des Tribunaux*, 13 décembre 1892 ; T. civ. Lyon, 1re ch., 10 janvier 1894, *Gazette des Tribunaux*, 31 août).

La Cour de cassation a, il est vrai, rejeté un pourvoi en s'appuyant sur ce que la loi n'a pas d'effet rétroactif, mais, dans l'espèce, il s'agissait d'une rupture antérieure à la promulgation, la question n'est donc pas tranchée au fond dans ce qu'elle a de plus intéressant (Cass. req., 20 mars 1893, *Gazette des Tribunaux*, 25 mars).

Enfin un arrêt de la Cour d'Orléans tranche le problème de la rétroactivité par la plus singulière distinction.

Suivant cet arrêt, la loi n'a pas d'effet rétroactif, les contrats antérieurs à sa promulgation ne sauraient être réglementés par elle, mais cette règle doit être restreinte aux seuls contrats dans lesquels une clause formelle interdit les demandes en indemnités. La Cour admet donc que « la loi s'applique, pour l'avenir, aux « engagements de louage de services sans détermina- « tion de durée qui, révocables en tout temps par la « volonté des parties, se sont continués sous l'empire « de la nouvelle loi (C. Orléans, 15 mars 1893. D., « 93, II, 466).

M. Planiol, dans sa note précitée au Dalloz, a fait justice de cette distinction et relevé la contradiction évidente dans laquelle est tombée la Cour, en admettant que la loi nouvelle respectera les effets des contrats dont une clause stipule expressément ce qu'elle a pour objet d'interdire, tandis qu'elle modifiera ceux des contrats dans lesquels les parties se sont référées au droit commun, certainement plus conformes à son esprit.

Nous devons aussi signaler un arrêt de la Cour d'Amiens (2 janvier 1882, D., II, 489) qui, pour faire rétroagir la loi, considère un louage de durée indéterminée, comme « fait pour un temps déterminé avec renouvellements successifs ». L'idée semble bien voisine de celle qui a dicté l'arrêt d'Orléans,

Du reste, il suffit de remarquer avec M. Planiol que cela allait justement à l'encontre du but poursuivi, puisque la loi de 1890 ne s'applique qu'au louage de durée indéterminée.

A quels agents de chemins de fer s'applique la loi du 27 décembre 1890.

La loi du 27 décembre 1890 s'applique à tous les salariés et par suite à tous les agents de chemins de fer, commissionnés ou non, qui sont liés par un contrat de louage de durée indéterminée. Elle s'applique à toutes les Compagnies, quelle que soit leur importance, puisque c'est la nature du contrat et non la qualité des contractants qui a été prise en considération, conformément aux principes généraux de notre législation.

Que dire des agents du réseau de l'Etat? La question est assez délicate ; à l'origine, le réseau de l'Etat était administré par un conseil d'administration nommé par décret. Il avait, il est vrai, à sa tête un directeur également nommé par décret et placé sous l'autorité du Ministre des Travaux publics. Mais les agents étaient, aux termes de l'art. 11 du décret du 25 mai 1877, qui a organisé le réseau, considérés comme agents temporaires de l'Etat.

Cette organisation, qui avait pour objet de permettre la rétrocession facile du réseau de l'Etat à une Société privée, a aujourd'hui pris fin. Il n'y a plus de Conseil d'administration, et le Parlement est saisi d'un projet de loi organisant définitivement le réseau de l'Etat. Le caractère des agents n'est donc plus temporaire,

Cependant il faut remarquer qu'ils sont dans une situation toute différente de celle des fonctionnaires; ils ont une caisse de retraites spéciale dont les règles sont tout autres que celles des pensions civiles et pour lesquelles les années de service accomplies dans une administration de l'Etat n'entrent pas en ligne de compte.

D'ailleurs, on peut invoquer en leur faveur les déclarations formelles faites par M. Poincaré dans son rapport de 1888 (p. 22 et 23). Il fait remarquer très justement qu'ils remplissent les mêmes fonctions que les agents des Compagnies, que les Ministres successifs des Travaux publics ne les ont jamais considérés comme des fonctionnaires, que l'Administration des chemins de fer de l'Etat a été organisée comme une Compagnie privée et tenue pour telle par le Gouvernement, qu'elle ne constitue pas un service public dépendant directement du ministère, qu'elle est valablement représentée en justice par son directeur, enfin que si elle est chargée d'un service public il en est de même des Compagnies.

Cependant la jurisprudence est unanime à les priver du bénéfice de la loi de 1890.

D'une part, en effet, les tribunaux ordinaires à tous les degrés se sont déclarés incompétents sur les demandes d'indemnité formées par des agents du réseau de l'Etat révoqués et ont admis que cette révocation constituait un acte administratif (En ce sens : Trib. civ. Niort, 15 déc. 1891 ; Cour d'Orléans, 28 nov. 1891, *Gazette des Trib*. du 16 mars 1892 ; Trib. civ. Angers, 4 août 1896, *Gaz. des Trib*. du 11 octobre 1896).

La Cour de cassation a ratifié cette manière de voir en rejetant, conformément aux conclusions de M. l'Avocat général Sarrut, le pourvoi formé contre l'arrêt précité d'Orléans (Cass. ch. c., 18 nov. 1895, *Gazette des Tribunaux* du 20 nov. 1895).

D'autre part, la juridiction administrative, le Conseil d'État, dès avant la loi de 1890, déclarait que la demande en indemnité formée à raison de la révocation d'un agent du réseau de l'État n'était pas de nature à être portée devant le Conseil d'État par la voie contentieuse (Arrêt du 10 juillet 1888, affaire Chervet).

Cet arrêt a été rendu conformément aux conclusions de M. Marguerie, maître des requêtes, commissaire du Gouvernement, qui avait soutenu fortement la thèse suivant laquelle les agents du réseau de l'État ont le caractère de fonctionnaires.

Ces résultats sont tellement acquis que la Chambre des députés est actuellement saisie d'une proposition de loi de M. Lhopiteau tendant à déclarer les tribunaux civils compétents pour les demandes d'indemnités de renvoi formées par les agents du réseau de l'Etat.

De la compétence.

1° **Propositions législatives antérieures à la loi de 1890.**

La plupart des propositions soumises aux assemblées parlementaires sur les rapports des Compagnies avec leurs agents visaient l'institution d'une juridiction exceptionnelle pour connaître des contestations soulevées par ces rapports.

On a successivement demandé :

En 1872, la création à Paris d'une *5ᵉ section de prudhommes*, pour connaître des différends entre les

Compagnies et leurs *ouvriers* (proposition de M. de Janzé) ; — en 1874, l'attribution à la *section des métaux du Conseil des prudhommes* le plus voisin du dépôt, de la connaissance des contestations entre les Compagnies et leurs *mécaniciens et chauffeurs* (proposition Cazot) ; en 1876, comme ci-dessus (proposition G. Casse) ; — en 1878, l'extension de la compétence *des prudhommes (métaux)* aux contestations entre les Compagnies et *tous leurs agents commissionnés* (proposition G. Casse) ; — en 1880, la création au siège de chaque Compagnie d'un *Comité exécutif,* composé de l'ingénieur en chef du Contrôle de l'Etat, président, d'un mandataire du Conseil d'administration et d'un mandataire des *agents commissionnés* chargé de connaître du bien fondé de toutes les punitions (propositions de Janzé).

En 1880, le rapport fait par M. Margue, sur les deux propositions ci-dessus, conclut à la création d'*un tribunal arbitral* composé du juge de paix du canton, de l'agent président et de deux arbitres désignés par les parties, compétent pour les différends entre Compagnies et agents commissionnés jusqu'à 1,500 francs, sans appel, avec appel devant le Tribunal de commerce au-delà de ce chiffre. Ce système fut vivement combattu et tomba par le rejet de l'article 1er de la proposition (26 février 1881).

En 1882, on proposa simultanément : 1° l'attribution de la connaissance des contestations entre Compagnies et *agents commissionnés* au *juge de paix* du canton de l'agent, dont la compétence serait étendue à 1,500 francs, sans appel, et à toute somme à charge d'appel (proposition Raynal, 6 février) ; 2° la création d'*un tribunal arbitral* composé du juge de paix, président, d'un délégué de la Compagnie et d'un délégué des agents commissionnés dont la compétence était réglée comme ci-dessus avec appel au Tribunal de commerce (proposition Delattre, 7 février).

La commission nommée proposa l'organisation d'*un tribunal arbitral* composé du juge de paix, président, et de deux arbitres désignés par les parties, compétence et appel, comme ci-dessus 2°. (Rapport Delattre, 12 juin 1882).

Cette création fut repoussée par la Chambre en première lecture (27 juin). En deuxième lecture, la commission revint au système du *juge de paix* à compétence étendue (rapport supplémentaire de M. Delattre, 3 juillet).

Cette proposition combattue par le Garde des Sceaux fut repoussée et on lui substitua une clause relative à la procédure, que nous étudierons plus loin (21 décembre 1882).

L'idée d'une jurisprudence exceptionnelle fut dès lors abandonnée, elle n'a pas trouvé place dans la loi de 1890.

Résumons rapidement sans entrer dans les détails, les critiques qu'on a très justement adressées à ces diverses propositions.

En ce qui concerne les propositions relatives aux *Prud'hommes* on a allégué : 1° les inconvénients d'un tribunal unique (propositions de 1872) pour les agents répandus sur tout le territoire ; 2° l'incompétence de la section des métaux au point de vue des règlements de chemins de fer (propositions de 1874, 76, 78 ; 3° l'extension malheureuse donnée à leur compétence sur des salariés n'ayant pas le caractère d'ouvriers de fabrication.

Le Comité exécutif de M. de Janzé n'a pas été discuté, il aurait donné à l'Ingénieur en chef du contrôle une magistrature bien difficile à exercer entre deux délégués que lui seul pouvait départager.

Quant au *tribunal arbitral* présidé par le juge de paix, on a fait remarquer que ce serait une singulière juridiction que celle où les avocats des Compagnies (et les délégués n'eussent pas été autre chose) prendraient part au jugement.

Enfin, quant au *juge de paix à compétence étendue*, on a fait observer que les employés trouvaient plus de garanties devant le Tribunal civil avec pluralité de juges, assistance judiciaire au besoin, avoué et avocat, qu'abandonné à lui-même ou à un agent d'affaires, devant le juge unique ; on a ajouté qu'il avait la ressource du Tribunal de commerce, expéditif et économique.

2° Compétence dans l'état actuel de la législation.

A. Ratione materiæ. — Les contestations entre compagnies et agents suivent les règles du droit commun, elles peuvent donc être portées, soit devant les tribunaux ordinaires, justice de paix, tribunaux civils, soit devant les Tribunaux de commerce, en raison de la qualité de commerçants des Compagnies.

Du juge de paix. — En ce qui concerne la compétence du juge de paix, une question a été posée à plusieurs reprises, au cours des débats parlementaires. Faut-il se référer à l'article premier de la loi du 25 mai 1838 (compétence en dernier ressort jusqu'à 100 fr. et à charge d'appel jusqu'à 200 fr.) ou à l'art. 5, § 3, qui supprime toute limitation à la compétence du juge de paix, à charge d'appel, en ce qui concerne « les gens de travail au jour, au mois et à l'année et ceux qui les emploient — les maîtres et les domestiques ou gens de service à gages — les maîtres et leurs ouvriers ou apprentis.

On a soutenu que l'article 5 pouvait être appliqué aux agents de chemins de fer (Cf. rapport de M. Bastid à l'Assemblée nationale, annexe à la séance du 18 mars 1872 ; discours de M. Rodat à la Chambre, séance du 19 décembre 1882, p. 2090).

Nous croyons qu'il y a là une erreur et que l'article 1er est seul applicable à la généralité des agents de chemins de fer qui ne sont, en effet, ni des serviteurs à gage, ni des gens de travail au jour et au mois ou à l'année, ni des ouvriers. M. Bovier-Lapierre (séance du 19 décembre 1882, p. 2,090) ; M. Floquet, *ibid.* ; M. Bovier-Lapierre (séance du 21 décembre 1882), ont très justement fait remarquor que la jurisprudence était formelle sur ce point. Tout au plus l'article 5 serait-il applicable aux ouvriers non classés des ateliers et au personnel en régie (Cf. Cass., 13 mai 1857, Sirey, 57, I, 669).

Les tribunaux civils. — Au dessus de 200 fr., c'est aux tribunaux civils qu'il appartient de statuer sur les contestations entre Compagnies et agents.

Si c'est la Compagnie qui intente l'action, c'est la seule juridiction possible puisque l'agent n'est pas commerçant.

Des tribunaux de commerce. — Mais si c'est l'agent

qui est demandeur, il a le choix entre le tribunal civil
et le tribunal de commerce, la jurisprudence admettant
que les Compagnies, en louant les services de leurs
agents font un acte de leur industrie (Cf. Cass., 13 mai
1857, Sirey, 57, I, 669.

Des Cours d'appel. — L'appel est naturellement,
dans les deux cas, porté devant les Cours d'appel.

B. RATIONE LOCI. — Si c'est l'agent qui est demandeur et qu'il s'adresse à la juridiction civile, il doit
assigner la Compagnie soit devant le Tribunal du
siège social, soit devant celui de la gare succursale où
il s'est formé entre elle et lui un lien de droit, par
exemple celle où il a reçu sa nomination.

Par gare succursale, il faut entendre une gare d'une
certaine importance qui constitue un centre administratif.

S'il s'adresse à la juridiction commerciale, il a le
bénéfice de l'article 420 du Code de procédure et peut,
en outre, porter le litige au Tribunal de commerce de
tout lieu où il a été appelé à exercer ses fonctions.

La Compagnie demanderesse ne peut assigner l'agent
que devant le Tribunal civil de son domicile.

Des Prud'hommes. — 1º État actuel de la législation. — Certains Conseils de prud'hommes, et notamment celui de Paris, se sont à plusieurs reprises déclarés
compétents pour connaître des contestations entre les
Compagnies et leurs agents spécialement les mécaniciens et chauffeurs.

Les Tribunaux de commerce, jugeant en appel, ont
réformé ces décisions en raison de ce que les agents
de chemins de fer en question n'avaient pas le carac-

tère d'ouvriers de fabrication exigé par les décrets de 1809 et 1810, qui ont institué la juridiction des prud'hommes (Cf. Trib. comm. Seine, 25 janvier 1872, D., 72, III, 7).

La compétence des prud'hommes n'est donc qu'exceptionnelle en la matière, elle est restreinte aux ouvriers des ateliers.

2° Projet de réforme législative. — Au cours de la 5e législature, la Chambre des députés, le 17 mars 1892, avait adopté un projet de loi sur les Conseils de prud'hommes qui modifiait radicalement les bases de cette institution.

Jusqu'alors, la compétence des prud'hommes avait été limitée aux différends entre fabricants et ouvriers de fabrication. La Chambre a voulu faire bénéficier de cette juridiction tous les salariés du commerce et de l'industrie. L'art 1er voté par la Chambre soumettait aux Conseils de prud'hommes « les différends qui « peuvent s'élever à raison du contrat de louage « d'ouvrage entre les patrons ou leurs représentants « et les ouvriers ou employés qu'ils salarient ». Les contestations entre Compagnies et agents quant à la rupture du contrat seraient donc devenues justiciables des prud'hommes. Aussi la Commission de la Chambre, pour faire droit à une demande d'éclaircissements de M. Julien Goujon (séance du 7 mars 1892, p. 100 et 101) et à un amendement de M. Camille Dreyfus (séance du 12 mars, p. 233) avait elle inscrit, à l'article 5, parmi les électeurs ouvriers « les ouvriers « et employés des entreprises de transports » et parmi les électeurs patrons « les administrateurs et « ingénieurs des mêmes entreprises ».

Le Sénat, conformément au rapport de sa Commission déposé par M. Demôle, a estimé que les juges du droit commun présentaient plus de garanties que les « hommes du métier » lorsqu'il s'agit « d'inter-« préter des contrats suivant des règles fixées par la loi « elle-même » (p. 5) et qu'il convenait de maintenir les Conseils de prud'hommes dans la sphère d'action qui leur avait été toujours assignée, c'est-à-dire, de laisser leur compétence limitée aux différends « *nés du travail industriel* ». L'article 1er et l'article 2 ont été modifiés en conséquence. L'article 1er du texte annexé au rapport du 16 décembre faisait très bien ressortir la pensée de la Commission, il visait en effet « les « marchands fabricants ou leurs représentants et les « ouvriers qu'ils emploient ». Postérieurement, la Commission a modifié cette rédaction et remplacé le mot « marchand, fabricant », par « chef d'industrie » (Rapport supplémentaire de M. Demôle, 28 avril 1894); mais cette modification a été expliquée par le rapporteur, de façon qu'aucun doute ne fût possible sur l'intention de maintenir la juridiction des prud'hommes dans ses limites actuelles (p. 2 du rapport).

Le texte proposé par la Commission a été adopté le 11 juin 1894 et renvoyé à la sixième législature de la Chambre le 10 juillet. Celle-ci s'est séparée sans avoir statué.

De la procédure.

Le dernier alinéa de l'article 1er de la loi de 1890 s'exprime ainsi : « Les contestations auxquelles pourra « donner lieu l'application des paragraphes précédents, « lorsqu'elles seront portées devant les tribunaux civils

« et devant les Cours d'appel seront instruites comme
« affaires sommaires et jugées d'urgence ».

Cette disposition est la reproduction d'un amendement de MM. Bovier-Lapierre et de Sonnier, adopté
par la Chambre le 21 décembre 1882 quand elle écarta
le principe de la juridiction spéciale aux agents.

Le Sénat voulut faire bénéficier tous les salariés de
cette procédure rapide et moins coûteuse et il inséra
cette clause dans le texte de droit commun voté en
1888. Elle fut dès lors adoptée sans discussion à la
Chambre et au Sénat jusqu'à la promulgation.

Elle se justifie par elle-même. Il était nécessaire
que le salarié, lésé par une révocation abusive, pût
obtenir promptement, et avec le moins de frais possible, la réparation du préjudice qui lui avait été causé.

Ajoutons, en ce qui concerne les frais, que le bénéfice de l'assistance judiciaire permet au salarié sans
ressource d'exercer ses droits à tous les degrés et maintient ainsi l'égalité entre les parties.

CHAPITRE IV

INSTITUTIONS PATRONALES EN FAVEUR DES AGENTS

Nous allons énumérer rapidement, sous ce titre, les nombreux avantages dont bénéficient les agents de chemins de fer et qui, même lorsqu'ils sont difficiles ou impossibles à apprécier en argent, contribuent à améliorer leur situation.

Parmi ces avantages, les uns ont leur cause dans le service de l'agent et viennent bonifier son traitement.

D'autres ont le caractère d'institution de bienfaisance ou d'assistance.

D'autres, enfin, constituent des institutions de prévoyance basées sur le concours du salarié et de la Compagnie à laquelle il appartient.

Nous ne déterminerons pas davantage cette classification.

Nous suivrons dans leur ordre logique les différents besoins des agents et nous indiquerons les facilités qui leur sont données sur chaque point. Nous nous arrêterons spécialement sur les caisses de retraites.

SECTION PREMIÈRE. — Institutions ayant pour but d'améliorer la situation présente des agents

Gratifications et primes.

Sur tous les réseaux des gratifications sont accordées annuellement aux agents qui ont fait le meilleur service. Dans certains cas même, la gratification est de droit et vient régulièrement s'ajouter au traitement.

Des primes sont accordées également pour certains faits spéciaux de vigilance ou de zèle :

Prime de régularité dans le service des trains, pour les agents des trains et des gares ;

Primes aux chefs de gare pour le placement des obligations des Compagnies ;

Primes à certains agents pour le contrôle des billets et les perceptions supplémentaires, etc., etc.

Le total de ces allocations s'est élevé en 1897 :

Sur l'Est, à	1,136,000 fr.
Sur Lyon, à	2,500,000 —
Sur le Midi, à	663,000 —
Sur le Nord, à	1,497,000 —
Sur l'Orléans, à	1,544,000 —
Sur l'Ouest, à	1,000,000 —
Sur l'Etat, à	898,000 —

Ces chiffres, que nous empruntons à la *Revue générale des Chemins de fer*, ne comprennent pas les primes spéciales qui sont allouées aux agents du service actif de la traction pour les économies sur le combustible et les matières grasses, pour la régularité dans la marche des trains, pour les parcours. Celles-ci sont considérées comme faisant partie du salaire proprement dit qu'elles bonifient dans une proportion qui atteint 50 %. Elles sont le plus souvent soumises, comme le salaire lui-même, aux retenues pour la retraite.

Maintien de la solde aux Agents accomplissant une période d'exercices militaires.

Les agents des Compagnies qui, par exception, sont

appelés comme réservistes ou territoriaux, ont droit au maintien de leur solde entière pendant cette période, s'ils sont mariés ou soutiens de famille ; au maintien de la demi-solde s'ils sont célibataires.

Participation aux bénéfices.

Nous n'indiquerons ici que pour mémoire la mesure par laquelle la Compagnie d'Orléans a, dès 1844, alloué à son personnel une part dans les bénéfices de l'exploitation.

Cette part est ainsi déterminée :

Il est d'abord attribué 20 millions aux actions comme intérêt et dividende.

Puis on attribue aux agents 15 % sur l'excédent.

Lorsqu'il y a lieu à distribution de 9 autres millions aux actionnaires, nouveau prélèvement de 10 % sur l'excédent ; enfin, lorsque les actionnaires touchent encore 3 millions, soit 32 millions au total, nouvelle perception de 5 %, cette fois sur l'excédent.

Ainsi quand les actionnaires touchent 32 millions, la part des employés est de 2,084,726 fr.

Nous verrons plus loin que la part des bénéfices ainsi attribuée aux agents constitue leur apport personnel dans la formation de la retraite.

Facilités pour les déplacements de service.

Indépendamment des facilités de circulation dont il sera parlé plus loin, des indemnités ou frais de déplacement, sont alloués aux agents du service actif suivant des tarifs basés en général sur le nombre d'heures passées hors de la résidence.

Des dortoirs, réfectoires, lavabos, salles de bains ont été installés par les Compagnies pour les agents en déplacement. Lorsque ces installations font défaut, les frais d'hôtel sont acquittés par l'Administration.

Facilités pour les changements de résidence.

Des indemnités sont accordées en général aux agents qui changent de résidence. Leur famille jouit dans ce cas de la gratuité du transport. Il en est de même pour leur mobilier.

Facilités pour le logement.

De nombreux agents : garde-barrières, chefs de halte, chefs et sous-chefs de gare, chefs de dépôt, etc., etc., bénéficient du logement gratuit en raison de leurs fonctions qui les exposent à être appelés à toute heure.

D'autres, pour qui cette nécessité n'existe pas, sont admis, moyennant un loyer très réduit, à occuper un logement dans les locaux disponibles.

Des terrains sont mis gratuitement à la disposition des agents pour y installer des jardins.

En ce qui concerne l'ensemble du personnel, les Compagnies se sont préoccupées de procurer à leurs agents des logements à bon marché.

Les unes ont agi directement.

Le Nord a fait construire à Ermont, Lens, Le Bourget, Somain, Coudekerque, près de centres importants de personnel, des cités ouvrières.

La Compagnie de Lyon en a construit à Laroche, à Oullins, à Veynes. Elle possède à Paris, rue Coriolis, une maison qui renferme 48 logements d'agents.

Ailleurs, les Compagnies subventionnent les entrepreneurs ou les sociétés de construction d'habitations ouvrières.

Ainsi a fait la Compagnie de Lyon à Villeneuve-Saint-Georges.

La Compagnie d'Orléans a procédé de même à Ivry, à Bordeaux, au cottage d'Athis.

La Compagnie de l'Ouest est devenue récemment actionnaire de la Société des habitations à bon marché, moyennant un droit de préférence accordé à ses agents.

Facilités pour l'alimentation.

La Compagnie de l'Ouest a installé à Paris un économat auquel les agents du réseau tout entier peuvent se fournir des denrées, vins et articles de ménage à des prix inférieurs à ceux du commerce de détail. Cet économat se suffit à lui-même, les bénéfices sont employés à abaisser les prix.

L'Etat a créé également un économat unique fonctionnant pour tout le réseau dans des conditions analogues. Il accorde des facilités aux boulangeries et boucheries coopératives créées par les agents.

Le Nord a plusieurs économats sur différents points de son réseau.

La Compagnie d'Orléans a fondé, sur son réseau, plusieurs magasins de denrées qui livrent à des prix inférieurs de 12 à 20 $^o/_o$ à ceux du commerce. Elle a, de plus, à Paris, une boulangerie qui fournit le pain avec une réduction de 25 $^o/_o$ sur les prix courants. Un réfectoire installé à Paris offre au petit personnel des repas complets au prix très modique de 0 fr. 53 cent., vin compris.

Le Midi a également à Bordeaux un économat fournissant les denrées sans bénéfices. Un réfectoire fonctionne dans la même ville et sert des repas à 0 fr. 47 cent.

L'Est subventionne vingt Sociétés coopératives de consommation fondées, dirigées et utilisées par ses agents.

La Compagnie de Lyon subventionne également de nombreuses coopératives fondées par ses agents. Elle a installé des réfectoires près de ses ateliers de Paris et de Villeneuve-Saint-Georges.

En général, les agents de chemins de fer bénéficient de réductions importantes (25 à 33 $^o/_o$) dans les buffets et buvettes du réseau auxquels ils appartiennent.

Sur l'Etat, qui a des wagons-restaurants à lui, la même réduction s'étend aux repas servis dans ces voitures.

Sur tous les réseaux, des boissons hygiéniques, rafraîchissantes en été, chaudes en hiver, sont distribuées au personnel actif.

Ajoutons que le plus grand nombre des agents logés gratuitement ont la jouissance d'un jardin qui leur permet de cultiver et de récolter des légumes.

Avant d'aller plus loin, nous avons à dire un mot des rapports du fisc avec les institutions dont nous venons de parler.

Le commerce de détail a appelé l'attention des pouvoirs publics sur le préjudice qu'elles lui causent et a demandé qu'elles soient soumises aux mêmes charges que lui. Actuellement, en effet, les économats ne faisant pas acte de commerce ne sont pas soumis à la patente, les sociétés coopératives ne le sont que lorsque l'Administration estime qu'elles sont en réalité accessibles à tout le monde, ce qui n'est pas le cas de celles qui nous intéressent.

Le législateur s'est occupé de la question. En ce qui concerne les sociétés coopératives, ses intentions étaient plutôt bienveillantes. L'article 34 du projet de loi sur les sociétés coopératives, à son troisième passage au Sénat (1896), déclarait exemptes de toute taxe autre que celles imposées aux particuliers non commerçants, les sociétés de consommation qui n'ont pas le caractère de sociétés commerciales. Il leur imposait une déclaration d'existence à l'Administration des Contributions indirectes, sans qu'il leur fût nécessaire de se pourvoir d'une licence, et les soumettait à la surveillance de l'Administration.

Toutefois, même dans ces conditions, les règles imposées par le projet aux sociétés coopératives ont donné lieu à une protestation de la Fédération des sociétés coopératives des employés de P.-L.-M., mentionnée dans le rapport de M. Lourties au Sénat, en date du 2 décembre 1895.

Mais en ce qui concerne les économats, le sentiment de la Chambre tout au moins, n'était rien moins que bienveillant.

Dès 1893, M. Viette signalait l'utilité de réglementer les économats des Compagnies pour les empêcher de faire des opérations commerciales.

Il reconnaissait d'ailleurs que leur suppression serait très fâcheuse pour le personnel.

Sur sa proposition, la Chambre adopta une disposition assimilant « jusqu'à leur transformation en Sociétés coopératives » les économats à ces sociétés, sous la condition de ne pas faire d'actes de commerce et de ne procurer aucun bénéfice aux Compagnies et les soumettant à la surveillance de l'État. Ce texte, adopté par le Sénat, fit retour à la Chambre et fut, en 1894, complété par une disposition additionnelle de M. Jourde, imposant dans le délai d'une année à dater de la loi la transformation en Sociétés coopératives.

La Commission du Sénat, saisie de nombreuses protestations d'agents de chemins de fer contre cette disposition, supprima le délai fixé et l'obligation.

Le texte ainsi rétabli fut adopté en première délibération le 2 mars 1896. Mais, en deuxième lecture, et malgré les protestations de M. Lourties, rapporteur, le Sénat supprima l'article 34 et le remplaça par une disposition soumettant les Sociétés coopératives (sans parler des économats) à tous les impôts et droits fiscaux sans exception.

Ce vote entraîna la démission du rapporteur (13 mars 1896).

Depuis lors, la question n'a pas été reprise au Sénat.

A la Chambre, lors de la discussion du projet et des propositions tendant à la réforme des patentes, M. Moret, rapporteur, avait présenté au nom de la Commission, un texte suivant lequel les Sociétés coopératives et les économats, administrés gratuitement, et ne vendant qu'à des associés dont la contribution personnelle mobilière, en ce qui concerne la part de l'État, n'excède pas 20 fr., et entre lesquels les bonis se répartissent au prorata des acquisitions, seraient seuls exempts de la patente.

La Chambre a prononcé la disjonction de cet article

le 11 mars 1898, à la demande du Ministre des Finances, en considération de ce que le Sénat était saisi du projet de loi sur les sociétés coopératives.

D'ailleurs, la Commission avait déjà modifié son texte et en avait fait disparaître les économats, auxquels la fin de l'article (répartition des bonis) était complètement étrangère.

Indemnités de résidence et de cherté de vivres.

Sur presque tous les réseaux, les agents à faible traitement en résidence dans les localités où la vie et les loyers sont coûteux (grandes villes et leur banlieue, gares frontières, villes d'eaux) reçoivent, à titre réglementaire, des indemnités spéciales ou des majorations de traitement. A l'Ouest, par exemple, où ces indemnités varient de 50 à 250 fr., le chiffre total s'est élevé, en 1897, à 1,184,000 fr.

Des indemnités sont également accordées à titre temporaire, lorsque des circonstances spéciales provoquent une élévation momentanée des prix de la vie. Il en a été ainsi par exemple au moment de l'exposition de 1889.

Facilités pour le chauffage et l'éclairage.

La gratuité du logement entraîne en général celle du chauffage et de l'éclairage.

Sur presque tous les réseaux, le personnel peut se fournir de charbon de terre soit auprès de la Compagnie, soit auprès de ses fournisseurs, dans des conditions très avantageuses.

Facilités pour l'habillement.

D'abord, en ce qui concerne la tenue réglementaire, les agents bénéficient de traités passés par les Compagnies, qui leur assurent des prix très réduits. Sur la plupart des réseaux, notamment l'Est, le Midi, l'Ouest, P.-L.-M., la Compagnie prend à sa charge une part des frais d'uniforme.

D'autre part, l'Orléans et le Midi ont des magasins qui vendent aux agents, sans bénéfice, les articles d'habillement, de lingerie, de literie. L'Etat s'est entremis pour obtenir à ses agents des réductions dans certains grands magasins de confection.

Facilités de circulation pour les Agents et leurs familles.

A. *Facilités accordées aux Agents et à leurs familles sur le réseau auquel ils appartiennent.*

L'agent lui-même jouit, dans toutes les Compagnies et à l'Etat, de la gratuité, tant pour les voyages de service que pour ceux qui sont motivés par des affaires personnelles.

Les femmes et enfants bénéficient des dispositions suivantes :

Est, Lyon et Nord. — Gratuité.

Ouest et Etat. — Réduction de 90 °/₀.

Midi et Orléans. — 1/4 de place avec maximum de perception très peu élevé.

De plus, sur la plupart des réseaux, les femmes jouissent de la gratuité, soit d'une manière permanente, soit hebdomadairement, pour se rendre à leur travail ou au marché.

Sur tous les réseaux les enfants jouissent de la gratuité pour se rendre en apprentissage ou aux écoles et collèges.

Autres parents de l'agent. — Est. — père et mère, gratuité ; beau-père et belle-mère, grands-parents, frères et sœurs, beaux-frères et belles-sœurs, neveux et nièces habitant avec l'agent et à sa charge, gratuité. Tous parents jusqu'au degré de cousin exclu, demi-place pour visite à l'agent.

Lyon. — Membres de la famille à la charge de l'agent et habitant avec lui, gratuité ; tous parents pour visite à l'agent, 1/2 place.

Midi. — Parents à la charge de l'agent et habitant avec lui, 1/4 de place.

Nord. — Père et mère, gratuité ; beau-père et belle-mère, frères et sœurs et dans certains cas, beaux-frères et belles-sœurs pour visite à l'agent, 1/2 place.

Orléans. — Père et mère à la charge de l'agent et habitant avec lui, 1/4 de place toujours avec maximum de perception : père et mère de l'agent pour visites, 1/4 de place ; pour voyages avec l'agent, 1/2 place ; autres parents pour visites à l'agent, 1/2 place, sauf la mère de la femme qui a droit au quart de place pour venir soigner sa fille.

Ouest. — Père, mère, parâtre et marâtre, et enfants d'eux, 1/10e du tarif ; autres parents jusqu'au degré de cousin exclu, 1/2 place pour visite à l'agent.

Etat. — Père, mère, petits-enfants, gendre, bru, grands-parents à la charge de l'agent et habitant avec lui, 1/10e du tarif ; père, mère et beaux-parents pour visite à l'agent, 1/4 du tarif.

B. *Facilités sur l'ensemble du réseau français.*

En vertu d'accords passés entre les grandes Compagnies et le réseau de l'Etat, les agents ont droit sur tous les réseaux français.

D'une manière permanente au 1/4 de place pour eux-mêmes et à la 1/2 place pour leurs femmes et leurs enfants à leur charge et habitant avec eux ;

Une fois par an, ils ont droit pour un seul voyage, pouvant d'ailleurs emprunter successivement tous les réseaux, à la gratuité pour eux-mêmes et au 1/4 de place pour leurs femmes et leurs enfants.

En outre, des abonnements au 1/4 du tarif sont accordés aux agents dont la résidence est située sur le réseau d'une autre Compagnie.

C. *Facilités de circulation aux agents retraités et à leur famille sur leur propre réseau.*

Pour l'agent lui-même. — Etat, Orléans, Est et Lyon. — Permis gratuits.

Ouest. — Permis gratuits pendant trois ans ; au-delà, 1/8 du tarif.

Nord. — Permis gratuit la première année, 1/4 de place la deuxième ; 1/2 place au-delà.

Midi. — 1/4 de place avec maximum de perception peu élevé.

Pour la femme du retraité, la veuve pensionnée, les enfants vivant avec eux et à leur charge. — Est. — Permis gratuits.

Etat. — 1/10 du tarif.

Orléans. — 1/4 du tarif avec maximum de perception peu élevé.

Lyon. — 1/4 de place.

Ouest. — 1/8 du tarif pour les femmes, 1/2 place pour les enfants au-dessus de 12 ans.

Nord. — 1/2 tarif.

Midi. — Femme et enfants du retraité, 1/2 place, veuve pensionnée et ses enfants, 1/4 de place avec maximum de perception, dans les deux cas.

En outre, les retraités obtiennent, sur demande spéciale de leur Compagnie, la demi-place pour eux et leur famille sur les autres réseaux.

Transports divers à prix réduits.

Des réductions considérables sont accordées aux agents pour le transport des boissons, comestibles, combustible, mobilier, etc., destinés à leur usage.

Au cas de transport de mobilier pour entrée en service, changement de résidence et départ, on accorde en général la gratuité ou un tarif plus réduit encore que le tarif ci-dessus.

Allocations aux agents chargés de famille.

Sur la plupart des réseaux, les agents à faible traitement chargés de famille bénéficient d'allocations annuelles.

A l'Est, jusqu'à 2,000 fr. de traitement, l'allocation est de 48 fr. par an, à partir de trois enfants de moins de 18 ans, plus 24 fr. par enfant au-delà de trois.

A l'État, jusqu'à 1,800 fr. de traitement à Paris et 1,500 fr. en province, allocation de 60 fr. par an et par enfant de moins de 16 ans à partir de quatre.

A l'Ouest, jusqu'à 1,600 fr. : 24 fr. par an pour chaque enfant de moins de 16 ans à partir du 3e et jusqu'au 6e.

En outre, pour les familles remplissant ces conditions, et habitant des localités où la vie est coûteuse, allocation annuelle fixe, variant pour la province de 60 fr. à 80 fr. et de 120 fr. à Paris.

Sur le réseau d'Orléans, jusqu'à 1,500 fr. de traitement, 60 fr. par an ou par enfant ou parent à sa charge à partir de quatre personnes ; jusqu'à 2,100 fr., 60 fr. par an à partir de cinq personnes.

Facilités pour l'instruction des enfants.

Ouest. — Asile de Batignolles, comprenant crèche et école maternelle pour les enfants des deux sexes, classes primaires pour les filles jusqu'à 12 ans, ouvroir pour les jeunes filles. La dépense s'est élevée, en 1897, à 95,000 fr., non compris le loyer des immeubles ; bourses pour enfants d'agents dans différents orphelinats situés sur le réseau ; subventions aux écoles primaires fréquentées par les enfants d'agents ; bourses à l'Ecole commerciale de Paris.

Nord. — Ecole d'apprentis de La Chapelle ; subventions aux écoles dans les agglomérations importantes ; bourses à l'Orphelinat du faubourg Saint-Antoine ; bourses au concours dans différents collèges et à l'Ecole commerciale ; fondations Félix Mathias et de Saint-Didier, permettant à un certain nombre d'enfants d'acquérir gratuitement l'instruction primaire, professionnelle, secondaire et supérieure, y compris la préparation aux écoles du Gouvernement.

Est. — Ecole primaire d'Igney-Avricourt fondée par la Compagnie ; subventions aux écoles fréquentées par les enfants d'agents ; cours professionnels d'apprentissage pour les fils d'ouvriers des ateliers ; bourses d'orphelinat sur le réseau et à Paris ; bourses dans les écoles professionnelles du réseau et à l'Ecole commerciale.

Orléans. — Ecole et ouvroir à Paris pour les filles d'ouvriers et d'employés ; bourses à l'Orphelinat du faubourg Saint-Antoine ; cours et conférences aux ouvriers et apprentis des ateliers ; bourses à l'Ecole commerciale.

Lyon. — Ecole et asile maternel à Villeneuve-Saint-Georges et à Laroche ; ouvroirs de jeunes filles à Paris, Villeneuve-Saint-Georges et Laroche ; bourses d'orphelinats.

Midi. — Ecole primaire de Morcenx fondée par la Compagnie; bourses au lycée de Mont-de-Marsan.

Facilités pour l'établissement des enfants. — Emploi des enfants d'agents.

Notons tout d'abord, au Nord, la fondation de Mme la baronne James de Rothschild, qui permet d'accorder chaque année un certain nombre de dots de 1,000 fr. à des filles d'agents.

En ce qui concerne les fils d'agents ou d'anciens agents, les Compagnies les admettent, à partir de 15 ou 16 ans, comme apprentis dans les ateliers, comme petits garçons de bureau, auxiliaires ou élèves mineurs, dans les bureaux et dans les gares. Lorsqu'ils ont accompli leur service militaire, ils sont appelés les premiers aux emplois vacants.

Emplois réservés aux femmes, veuves, filles et parentes d'agents.

Tout d'abord, il existe dans les services centraux des Compagnies des bureaux de contrôle et de comptabilité qui sont composés exclusivement de filles ou femmes d'agents, capables d'ailleurs de subir un examen assez sérieux.

Le contrôle commun institué par les Compagnies pour la répartition des recettes et des dépenses communes emploie généralement un certain nombre de femmes et de jeunes filles toutes proches parentes d'agents.

Dans les gares, les receveuses sont femmes ou filles d'agents. Elles remplissent également un certain nombre d'emplois de télégraphistes.

Enfin, des femmes d'employés de la voie sont préposées à la garde, à l'ouverture et à la fermeture des barrières de passages à niveau. Le ménage jouit, dans ce cas, du logement gratuit et d'un jardinet. La femme reçoit une très modeste indemnité qui varie suivant l'importance du passage. Sur certaines lignes peu fréquentées, les haltes sont confiées à ces femmes, qui jouissent alors d'une rétribution plus élevée.

D'autre part, les Compagnies, dans les traités qu'elles ont passés pour les bibliothèques des gares, ont obtenu des concessionnaires que le personnel des bibliothécaires serait recruté parmi les femmes, filles ou parentes d'agents. On leur confie également les débits de tabac et les water-closets des gares.

Dans le même ordre d'idées, les Compagnies qui ont installé des ouvroirs donnent du travail aux femmes des agents.

Institutions pour le cas de maladie.

A l'Ouest, le service médical donne ses soins gratuitement à tous les agents et à leur famille.

Les médicaments sont fournis gratuitement aux agents dont le traitement ne dépasse pas 3,000 francs.

La dépense, entièrement à la charge de la Compagnie, a été, en 1897, de 964,000 francs.

L'agent malade touche la demi-solde pendant trois mois, période qui est prolongée dans les cas intéressants.

Une caisse de secours et de prévoyance a été fondée entre les ouvriers des ateliers et des dépôts qui ne font pas partie du personnel classé. Elle assure à ces ouvriers la gratuité des soins médicaux et des remèdes et une indemnité pendant la durée de la maladie. Elle est alimentée par une retenue de 2 $^o/_o$ au maximum sur les salaires et un versement égal de la Compagnie.

Compagnie de l'Est : Tous les agents commissionnés ou en régie ont droit aux soins gratuits du service médical, qui est entièrement rémunéré par la Compagnie.

Les médicaments ou traitements prescrits par les médecins sont également gratuits. S'il s'agit d'agents en régie, la dépense est à la charge de la Compagnie. S'il s'agit d'agents commissionnés, ils sont à la charge de la Société de prévoyance fondée entre ces agents et alimentée par une retenue de 1 $^o/_o$ sur les salaires et une subvention égale de la Compagnie.

La dépense de la Compagnie pour son service médical s'est élevée en 1897 à 234,000 fr. Elle a versé à la Caisse de prévoyance, 375,000 fr.

Lorsque la maladie provient directement du service, l'agent commissionné touche son salaire intégral pendant trois mois. Il en est de même, le plus souvent, pour les agents en régie. Ce délai est fréquemment prolongé.

Si la maladie ne provient pas du service, l'agent commissionné touche la solde entière pendant deux mois et huit jours. Les huit premiers jours sont à la charge de la Compagnie. La période suivante est à la charge de la Caisse de prévoyance.

Les agents en régie comptant au moins 6 mois de présence reçoivent la demi-solde pendant 15 jours.

Orléans. — Le service médical gratuit s'étend à tous les agents commissionnés ou non et aux ouvriers occupés à des travaux permanents. Les familles des employés et ouvriers des ateliers de la traction ont également droit aux soins gratuits. Il en est de même en général dans les autres services.

Les médicaments sont gratuits pour les agents qui n'ont pas plus de 2,100 fr. de traitement.

La dépense, toute à la charge de la Compagnie, s'est élevée en 1897, à 402,000 fr.

La solde de maladie ou un secours équivalent varie, comme quotité et comme durée, suivant les cas.

Midi. — Les agents et ouvriers et leurs familles ont droit aux soins et aux remèdes gratuits.

La Compagnie supporte, pour la plus grande part, la charge du service médical. Le surplus et les remèdes sont à la charge d'une caisse de prévoyance alimentée par une retenue de 2 $^{o}/_{o}$ sur les salaires et un versement correspondant de 1,50 $^{o}/_{o}$ à la charge de la Compagnie.

L'agent malade à l'occasion du service touche la solde entière de la Compagnie. Dans les autres cas, la caisse lui verse la moitié de son salaire.

Des indemnités sont allouées par la caisse aux femmes en couches.

Lyon. — Les agents dont le traitement n'excède pas 3,000 fr., ont droit aux soins et aux remèdes gratuits. La Compagnie supporte entièrement la dépense, qui s'est élevée en 1897 à 557,000 fr.

La solde de maladie varie entre le traitement intégral et la demi-solde.

Nord. — Tous les agents ont droit aux soins gratuits, les remèdes sont gratuits pour ceux dont le traitement n'excède pas 3,000 fr.

La dépense à la charge de la Compagnie s'est élevée en 1897, à 775,000 fr.

Les agents commissionnés ou classés reçoivent la solde entière pendant deux mois et, au-delà, des secours variant entre la demi-solde et la solde entière suivant les cas.

Etat. — Les soins sont gratuits pour tous les agents. Les médicaments le sont jusqu'à 3,000 de traitement.

Les agents commissionnés et les ouvriers comptant 15 ans de services ont droit à la solde entière pendant deux mois ; au-delà la solde varie entre la demi-solde et la solde entière.

Secours et avances aux agents nécessiteux.

Toutes les Compagnies viennent en aide aux agents qui se trouvent momentanément dans une situation difficile, en leur accordant des secours.

Souvent aussi, c'est le cas de l'Ouest, on procède par voie d'avances remboursables par retenues mensuelles, sans intérêts. Ailleurs, c'est au moyen de prêts à très faible intérêt (il en est ainsi notamment sur le Nord).

Conseils juridiques aux agents sur leurs affaires personnelles.

Certaines Compagnies, Lyon et Orléans notamment, ont organisé, dans leur service de contentieux, des bureaux de consultation gratuite, où les agents, qui échappent ainsi à l'exploitation des hommes d'affaire, peuvent trouver les renseignements dont ils ont besoin pour leurs affaires personnelles.

Frais funéraires.

Ces Compagnies ou les caisses subventionnées contribuent aux dépenses de service religieux et d'enterrement de leurs agents, dans une proportion qui varie suivant les réseaux. Ainsi, à l'Ouest, on alloue 1/10 du traitement annuel, plus 50 fr. pour un terrain si l'agent est décédé à Paris. A l'Est, si le décès provient de maladie contractée en service, c'est la Compagnie qui supporte les frais funéraires; dans le cas contraire, c'est la caisse de prévoyance; dans l'un et l'autre cas, la somme allouée est fixée à un mois de traitement.

SECTION II. — Caisses de retraites.

Nous ne nous occuperons que des caisses de retraites des six grandes Compagnies et du réseau de l'Etat.

Les agents qui y participent forment l'immense majorité du personnel des chemins de fer.

Nous exposerons d'abord, très rapidement, l'origine et le développement de ces institutions. Nous indiquerons ensuite quelles sont à l'heure actuelle leurs conditions de fonctionnement, puis nous analyserons les dispositions des lois du 27 décembre 1890 et du 27 décembre 1895, applicables à ces caisses. Nous étudierons la proposition de loi adoptée par la sixième législature de la Chambre et actuellement soumise au Sénat et nous ferons ressortir les conséquences qu'entraînerait son adoption. Enfin, nous indiquerons le dernier état des travaux de la Commission extra-parlementaire saisie des questions relatives aux retraites.

I. — Historique.

La première caisse de retraites a été fondée par l'Ouest en 1850, celle d'Orléans en 1851, celle de l'Est en 1853, celles de Lyon, du Midi et du Nord en 1855 et 1856. Le réseau de l'Etat, organisé en 1877, a créé une caisse pour son personnel en 1878.

A l'origine, la retenue opérée sur le traitement de l'agent était facultative ; elle s'élevait de 3 à 4 % du traitement, la Compagnie versait une somme égale. La pension de l'agent arrivé à l'âge de la retraite ne devait se composer que du produit du double versement majoré par le décès avant retraite de ses co-participants. C'était l'application pure et simple de la tontine.

Par la suite, le personnel des chemins de fer comprit et réclama de plus en plus l'avantage de la retraite ; les

Compagnies entrant dans le même ordre d'idées rendirent la retenue obligatoire, au moins pour les agents classés et, de leur côté, substituèrent au versement égal à la retenue subie par l'agent, la promesse d'une pension basée sur le traitement des dernières années et en général égal à la moitié de ce traitement. Elles admirent en outre la veuve et les orphelins à la reversibilité d'une part de la pension; enfin, elles créèrent des retraites anticipées et des retraites pour infirmités prématurées.

Ce nouveau système était, on le voit, bien préférable pour le personnel, qui se trouvait assuré, en supportant une faible retenue, d'obtenir non plus une pension quelconque, mais une pension déterminée par le règlement et proportionnelle à son traitement d'activité, pension dont bénéficieraient à son défaut sa femme et ses enfants; par contre il imposait aux Compagnies des charges difficiles à évaluer, qui sont allées toujours grossissant, tant en raison de l'augmentation de personnel résultant de l'accroissement du réseau, que de l'abaissement progressif du taux de l'intérêt. La dotation patronale, primitivement égale aux versements de l'agent, s'est ainsi élevée de 3 ou 4 $^o/_o$ du traitement à 9, 10, 12 et 15 $^o/_o$.

Cet accroissement continu des charges a amené trois Compagnies : le Lyon, le Nord et l'Ouest, à élaborer pour l'avenir de nouveaux règlements.

II. — Fonctionnement des Caisses ou Institutions de retraites.

Nous n'avons pas moins de dix règlements à examiner, à savoir : les six règlements anciens des Compagnies, les trois règlements nouveaux et le règlement applicable aux agents du réseau de l'Etat.

Pour éviter de fastidieuses répétitions et pour arriver à donner plus facilement une vue d'ensemble, au lieu d'étudier séparément chacune de ces institutions, nous exposerons, suivant l'ordre logique des idées, le fonctionnement général de la retraite, en indiquant sur chaque point les règles fort variées appliquées par chaque règlement.

1° Nature des institutions auxquelles on a eu recours pour constituer les pensions.

Trois systèmes sont en présence :

a) L'Est, le Midi, Lyon (ancien règlement) et l'Etat ont une caisse purement patronale ;

b) Le Nord (ancien règlement), l'Ouest (ancien et nouveau règlements), et Orléans ont recours pour partie à la Caisse nationale des retraites de la vieillesse et pour partie à la Caisse patronale ;

c) Les nouveaux règlements de Lyon et du Nord ne comportent aucune organisation de Caisse patronale. C'est la Caisse nationale des retraites seule qui assure les pensions.

2° Sources de la Retraite.

Elles sont au nombre de trois : apport personnel de l'agent, dotation patronale, ressources diverses.

A. Apport personnel de l'agent.

Est. — Retenue de 3 % sur le traitement fixe jusqu'à 18,000 fr. et les avantages accessoires (primes réglementaires des agents de traction et valeur des logements gratuits, évaluée à $1/10^e$ du traitement fixe).

Midi. — Retenue de 3 % sur le traitement fixe jusqu'à 15,000 fr. et la partie éventuelle pour les agents de traction ; retenue du premier douzième de toute augmentation.

Lyon (ancien règlement). — Retenue de 4 % sur le traitement fixe et sur la partie éventuelle pour les mécaniciens et chauffeurs, portée à 6 % à partir de toute augmentation de traitement postérieur au 1er mai 1895.

Etat. — Retenue de 5 % sur le traitement fixe. Retenue du premier mois de traitement et du premier douzième de toute augmentation.

Ces quatre règlements prévoient le versement de l'apport personnel de l'agent à la caisse ou institution patronale.

Lyon (nouveau règlement). — Retenue de 4 % sur le traitement fixe et sur la partie éventuelle pour les mécaniciens et chauffeurs.

Ouest (ancien et nouveau règlements). — Retenue de 4 % du traitement fixe jusqu'à 15,000 fr. et du premier douzième de toute augmentation.

Nord (ancien règlement). — Retenue de 3 % obligatoire sur le traitement des agents commissionnés, facultative pour les ouvriers payés à la journée.

Nord (nouveau règlement). — Retenue de 5 % sur le traitement fixe des agents commissionnés et les primes ou allocations d'économie et de régularité des agents des trains ; — retenue de 3 % sur le traitement fixe des ouvriers et agents payés au mois et à la journée, comptant au moins trois ans de présence continue, obligatoire pour tous les agents ou ouvriers entrés au service depuis le 1ᵉʳ mai 1896, facultative pour les anciens.

Orléans. — Pas de retenues, l'apport personnel de l'agent est constitué par sa participation statutaire aux bénéfices de la Compagnie.

Dans ces six règlements, le versement de l'apport personnel a lieu à la Caisse nationale des retraites à capital aliéné ou réservé au gré de l'agent.

B. Dotation patronale.

Est. — 12 °/₀ du traitement fixe et des avantages accessoires.

Midi. — 15 °/₀ des traitements ou salaires, plus, au fur et à mesure des mises à la retraite, une somme équivalente en capital et intérêts aux allocations que la Compagnie aurait dû verser, antérieurement au règlement de 1891, pour faire face à l'accroissement de charges résultant des cinquantièmes supplémentaires.

Lyon (ancien règlement). — 1 °/° du traitement, 10 °/₀ à partir du premier avancement suivant le 1ᵉʳ mai 1895. La Compagnie verse de plus : 1° pour l'agent mis à la retraite avant 55 ans, autant de fois 50 °/₀ du dernier traitement, qu'il lui manquait d'années ; 2° pour l'agent qui décède avant 55 ans, en service, ou pensionné par anticipation, lorsqu'il y a reversibilité, autant de fois 25 °/₀ du dernier traitement qu'il lui manquait d'années.

Nord (ancien règlement). — 9 °/₀ du traitement.

Ouest (ancien et nouveau règlements). — 12 °/₀ du traitement et une somme égale au premier douzième de toute augmentation.

État. — 10 °/₀ du traitement.

Les sept règlements ci-dessus prévoient le versement de la dotation à la Caisse ou institution patronale.

Orléans. — La dotation se compose, d'abord, à partir de 5 ans de service, du complément nécessaire pour porter à 10 °/₀ avec la part statutaire le versement de l'agent à la Caisse nationale des retraites, et, en second lieu, d'une rente qui vient s'ajouter à la pension servie par cette caisse, lorsqu'elle n'atteint pas le chiffre fixé par le règlement.

Lyon (nouveau règlement). — 4 °/₀ du traitement ou salaire pendant les dix premières années de service, 5 °/₀ de 10 à 15 ans, 6 °/₀ au-delà de 15 ; plus une allocation de licenciement égale à 4 °/₀ du traitement moyen des six dernières années. Le tout versé à la Caisse nationale des retraites pour constituer une pension à l'agent à 55 ans, à moins : 1° que la Compagnie n'accorde à l'agent son indemnité de licenciement en capital ; ou 2° que le maximum de versements ou de rente à la Caisse nationale soit atteint, auquel cas la Compagnie verserait à sa propre caisse, à charge de servir la pension suivant les tarifs de la Caisse nationale.

Nord (nouveau règlement). — a) Personnel commissionné : allocation de 5 °/₀ du traitement qui sert de base à la retenue, le versement étant ajourné jusqu'à ce que l'agent compte trois ans de service. Cette allocation est majorée de 2 °/₀ pour la seconde période triennale, de 3 °/₀ pour la troisième période triennale et de 4 °/₀ depuis lors jusqu'à 60 ans ;

b) Agents et ouvriers classés : allocation de 3 °/₀ du salaire servant de base à la retenue. Au bout de cinq ans, et pendant les neuf années suivantes, majoration de 1 % calculée et effectuée par périodes de trois ans ; du commencement de la quinzième à la fin de la trentième année, majoration de 2 % dans les mêmes conditions que ci-dessus. Le tout versé à la Caisse nationale des retraites de la vieillesse.

C. Ressources diverses.

Est. — Dons et legs, produit du placement des fonds.

Midi. — Produits du placement des fonds.

Lyon (ancien règlement). — Produits du placement des fonds.

Nord (ancien règlement). — Produits du placement des fonds et amendes au personnel.

Ouest (ancien règlement). — Produits du placement des fonds et amendes au personnel, dons volontaires.

Ouest (nouveau règlement). — Comme à l'ancien et de plus valeurs provenant ou à provenir de l'excédent des recettes sur les dépenses résultant de l'application de l'ancien règlement.

Etat. — Produits du placement des fonds, dons à titres divers, amendes.

Orléans. — La caisse patronale n'ayant à intervenir qu'au moment de la mise à la retraite pour les compléments de pension, il n'y a évidemment ni placement de fonds ni ressources spéciales.

Nord et Lyon (nouveaux règlements). — Il en est de même à plus forte raison pour ces deux règlements, suivant lesquels c'est la caisse patronale qui assure la totalité des pensions.

3° *Personnel appelé à bénéficier de la retraite.*

Est. — Tous les agents commissionnés, obligatoirement, sauf les ingénieurs et agents des Ponts et Chaussées et des Mines détachés sur le réseau, pour lesquels la participation à la retraite est facultative.

Midi. — Tous les agents commissionnés et les ouvriers des dépôts et ateliers.

Lyon (ancien règlement). — 1° Les agents appartenant au personnel commissionné ; — 2° certains agents embrigadés des gares, des trains et de la voie après une année de service.

Lyon (nouveau règlement). — 1° Les agents embrigadés admis à la Compagnie du 1er juillet 1892 au 30 avril 1895 ; — 2° tous les agents en service non encore inscrits à la caisse au 30 avril 1895 ; — 3° tous les agents nouveaux, sans distinction de catégorie, entrés à la Compagnie à partir du 1er mai 1895.

Nord (ancien règlement). — Tous les agents commissionnés obligatoirement et les ouvriers des ateliers facultativement.

Nord (nouveau règlement). — Les agents commissionnés après le 1er mai 1896, les agents et ouvriers payés au mois ou à la journée occupés depuis trois ans au moins d'une manière permanente et admis au classement.

Ouest (ancien règlement). — Tous les employés et ouvriers faisant partie du personnel classé au 1er juillet 1896 et ayant au moins 600 fr. de traitement.

Ouest (nouveau règlement). — Les mêmes agents admis au classement à partir du 1er juillet 1896.

Orléans. — Tous les agents commissionnés sauf

ceux dont le traitement excède 12,000 fr., pour lesquels il est statué dans chaque cas particulier par le Conseil d'Administration.

Etat. — Tous les agents commissionnés.

4° *Retraite réglementaire.*

A. **Conditions à remplir.**

Est. — 55 ans d'âge, 25 ans de classement.

Midi. — 55 ans d'âge, 25 ans de classement.

Lyon. — (Ancien et nouveau règlement) 55 ans d'age, 25 ans de classement.

Orléans. — 55 ans d'âge, 25 ans de classement.

Etat (1). — 55 ans d'âge, 25 ans de classement.

Ouest. — (Ancien règlement) 55 ans d'âge, 25 ans de classement; (nouveau règlement), agents du service des trains, 55 ans d'âge, 25 ans de classement; agents du service ordinaire, 60 ans d'âge, 30 ans de classement.

Nord (ancien règlement). — Service actif : 50 ans d'âge, 20 ans de service dont 10 au moins dans la partie active; — service sédentaire : 50 ans d'âge, 25 ans de service.

Nord (nouveau règlement). — 50 ans d'âge.

B. **Montant de la pension.**

Est. — Elle se compose, pour chaque année de

---

(1) Sauf en ce qui concerne les agents soumis au *régime transitoire*, c'est-à-dire : 1° les agents commissionnés comptant plus de 30 ans en 1883 ; 2° les poseurs et hommes d'équipe qui avaient plus de 30 ans et étaient commissionnés au 1ᵉʳ janvier 1888. En ce qui les concerne, il suffit d'atteindre 55 ans d'âge.

service, d'une fraction du traitement moyen des six dernières années ou des six années les plus favorables.

Cette fraction est de 1/60e avant 30 ans d'âge ; 1/50e de 30 à 55 ans ; 1/60e à partir de 55 ans.

Midi. — 50 % du traitement moyen des six dernières années ou de la durée totale du service, si ce décompte est plus favorable, plus 1/50e de ce traitement pour chaque année de service au-delà de 25.

Lyon (ancien règlement). — 1/50e du traitement moyen des six dernières années ou de la durée totale du service, pour chaque année de service.

Lyon (nouveau règlement). — La pension se compose : 1° de la rente provenant des versements à la Caisse nationale ; — 2° d'une allocation de licenciement égale à 4 % du traitement moyen des six dernières années (6 % sur le réseau algérien) versée à la Caisse nationale, à moins que l'agent ne préfère et n'obtienne qu'elle lui soit versée.

Nord (ancien règlement). — Pour le personnel commissionné, la pension comprend deux éléments distincts : d'une part la rente produite par les versements à la Caisse nationale ; d'autre part une rente égale à 25/80e du traitement moyen des six dernières années, plus 1/80e par année de service au-delà de 25 ; — pour les ouvriers, allocation d'une rente égale à la pension produite par les versements à la Caisse nationale.

Nord (nouveau règlement). — Rente produite à la Caisse nationale par le versement des retenues et des allocations.

Ouest (ancien règlement). — 50 % du traitement moyen des six dernières années, plus 1/60e par année de service au-delà de 25.

Ouest (nouveau règlement). — 50 % du traitement moyen des six dernières années, plus 1/60° par année de service, au-delà de 25 pour les agents des trains, au-delà de 30 pour ceux du service ordinaire.

Cette pension (dans les deux règlements) se compose de deux éléments : 1° la rente acquise par le versement des retenues à la Caisse nationale ; 2° une pension faite par la Compagnie. Cette dernière est toujours calculée comme si les versements avaient été faits à capital aliéné. La pension totale serait donc diminuée si l'agent avait préféré réserver son capital. De plus, dans le nouveau règlement, la rente à servir par la Compagnie est toujours calculée, comme si les versements avaient été faits sur la tête de l'agent marié seul, ce qui diminue la pension si la femme est plus jeune ou vient à décéder.

Orléans. — La pension comprend également deux éléments : d'une part, la rente acquise à la Caisse nationale par le versement de la part statutaire et du versement annuel, d'autre part, une rente supplémentaire faite par la Compagnie lorsque l'agent est admis à la réforme. La pension totale est de 50 % du traitement moyen des six dernières, plus 1/40e de ce traitement par année de service au-delà de 25. Si les dernières années de service n'ont pas été les mieux rétribuées, la pension est calculée sur les six années les plus fortes, elle est dans ce cas diminuée de 1/40e de ce traitement pour chaque année restant à courir lors de l'abaissement du traitement, pour compléter 25 ans de service, et majorée de 1/40e du traitement moyen des six dernières années de service pour chaque année écoulée depuis l'abaissement.

Etat (agents soumis au régime normal). — 50 % du traitement moyen des six dernières années ou de la durée totale, plus 1/50e pour chaque année de service au-delà de 25. L'agent peut, lors de la liquidation, retirer le capital des retenues qui lui ont été faites, la pension est alors réduite en conséquence.

Etat (agents soumis au régime transitoire). — Autant de 1/50e du traitement moyen que d'années de service valables pour la retraite, plus, au-delà de 25 ans de service et de 60 ans d'âge, 1/60e par année.

C. Maximum de la pension.

Est. — Elle ne doit excéder ni les 3/4 du traitement moyen, ni 9,000 fr.

Midi. — 2/3 du traitement moyen, 8,000 fr.

Lyon (ancien règlement). — 12,000 fr.

Lyon (nouveau règlement). — L'allocation de licenciement ne doit pas avoir pour effet d'élever la pension au-delà des 3/4 du traitement moyen.

Orléans. — 3/4 du traitement moyen des six dernières années.

Etat. — 3/4 du traitement moyen des six dernières années, 6,000 fr.

Ouest (ancien règlement), — Pas d'autre maximum que celui résultant de la fixation à 15,000 fr. du traitement maximum soumis à la retenue. La pension maxima de l'agent qui réunit strictement 55 ans d'âge et 25 ans de service est donc de 7,500 fr, mais le jeu des 1/60es supplémentaires peut l'accroître indéfiniment.

Ouest (nouveau règlement). — 2/3 du traitement moyen.

Nord (ancien règlement). — Pas de maximum.

Nord (nouveau règlement). — Il résulte de la fixation à 12,000 fr. du traitement maximum soumis à la retenue.

D. **Miniumm de la pension**.

Est. — 600 fr. mais sans dépasser les 3/4 du traitement moyen.

Ouest (ancien et nouveau règlements). — 500 fr.

Nord (ancien règlement). — 100 fr. indépendamment de la rente acquise à la Caisse nationale.

. Lyon (nouveau règlement). — 1 °/₀ du traitement moyen par année de service. Ce minimum se trouve réduit si les placements à la Caisse nationale ont été faits à capital aliéné.

Midi. — Pas de minimum.

Lyon (ancien règlement). — Pas de minimum.

Nord (nouveau règlement). — Pas de minimum.

État. — Pas de minimum.

E. **Nature de l'engagement pris à l'égard de l'agent**.

Est, Midi, Ouest (ancien règlement), Lyon (ancien et nouveau règlements), Nord (nouveau règlement). — Le droit est absolu. L'agent a le droit d'exiger la liquidation de sa pension.

Nord (ancien règlement), Orléans, État, Ouest (nouveau règlements). — L'agent doit préalablement être admis à faire valoir ses droits à la retraite. Il n'a donc pas de droit rigoureux.

5° *Retraite anticipée.*

Pas de retraite anticipée au Nord (ancien et nouveau règlements), à l'Etat ni sur l'Orléans.

A. **Conditions à remplir.**

Est. — 15 ans de service.

Midi. — Elle peut être accordée : 1° à tout agent ayant 55 ans d'âge et 20 ans de service; 2° à tout agent ou ouvrier congédié après 15 ans de service, sauf pour insubordination, ivresse habituelle, mauvais service persistant ou indélicatesse; 3° à toute femme employée ayant au moins 15 ans de service qui ne peut être maintenue en fonctions, à cause de la mise à la retraite d'office de son mari, de son père ou de son frère.

Ouest (ancien et nouveau règlements). — 50 ans d'âge et 20 ans de service.

Lyon (ancien règlement). — 55 ans d'âge.

Lyon (nouveau règlement). — A 50 ans d'âge, l'agent peut faire liquider à la Caisse des retraites de la vieillesse la pension résultant du versement de ses retenues; à 55 ans, il jouira, de plus, sans conditions de services, de la rente résultant du versement des allocations de la Compagnie, mais il perdra l'allocation de licenciement.

B. **Montant de la pension.**

Est. — Pour chaque année de service, une fraction du traitement moyen des six dernières années ou des six plus favorables, déterminée comme il suit :

De 15 à 20 ans de service jusqu'à 40 ans, 1/60ᵉ, au

delà, 1/50e; — de 20 à 25 ans de service jusqu'à 35 ans, 1/60e, au-delà 1/50e; — à 25 ans de service et au-dessus jusqu'à 30 ans, 1/60e, de 30 à 55 ans, 1/50e, au-delà, 1/60e.

Midi. — Autant de 1/50e du traitement moyen des six dernières années ou du service total, que l'agent compte d'années de retenues.

Ouest (ancien règlement). — 25/60e du traitement moyen des six dernières années, plus 1/60e par année de service au-delà de 20 ans.

Ouest (nouveau règlement). — Service des trains, comme ci-dessus; service ordinaire, 20/60e du traitement moyen, plus 1/60e par année de service au-delà de 20 ans.

Lyon (ancien règlement). — Même mode de calcul que pour la retraite réglementaire.

Lyon (nouveau règlement). — Pension acquise à la Caisse nationale à 50 ans, d'abord, puis à 55 ans comme il est dit ci-dessus.

C. Maximum de la pension de retraite anticipée.

Est. — Pas de maximum.

Midi. — 2/3 du traitement moyen.

Ouest (ancien et nouveau règlements). — 30/60e du traitement moyen, sauf application du minimum.

Lyon (ancien règlement). — 12,000 fr.

Lyon (nouveau règlement). — Pas de maximum.

D. Minimum de la pension de retraite anticipée.

Est. — De 15 à 20 ans de service, 300 fr.; de 20 à 25 ans de service, 450 fr.; à partir de 25 ans de service, 600 fr.

Ouest (ancien et nouveau règlements). — 500 fr.

Midi. — Pas de minimum.

Lyon (ancien et nouveau règlements). — Pas de minimum.

E. **Nature de l'engagement pris à l'égard des agents.**

L'agent peut obtenir cette retraite, mais il n'y a pas droit, sauf, bien entendu, dans le nouveau règlement de Lyon où elle résulte des versements faits à la Caisse nationale.

Il en est de même, d'ailleurs, en ce qui concerne les rentes acquises à la Caisse nationale, pour tous les règlements qui comportent le versement des retenues à cette caisse.

Enfin, il faut noter également qu'elle est de droit à l'Est au cas de suppression d'emploi.

6° *Retraite pour infirmités prématurées.*

A. **Conditions à remplir.**

Ouest (ancien et nouveau réglements) ; Orléans, Nord, (ancien et nouveau règlements). — Pas de conditions d'âge ni de durée de service, blessures graves (l'ancien règlement Nord et celui d'Orléans exigent qu'elles aient été reçues en service) ou infirmités prématurées entraînant incapacité absolue de travail reconnue par la Caisse nationale. Il a été jugé que l'agent ne peut obtenir sa mise à la retraite pour infirmités prématurées que si la Caisse nationale consent à liquider la pension acquise par le versement de ses retenues (Cass. req., 24 mai 1897, *Gazette des Tribunaux* du 25 mai 1897).

Est, Midi, Lyon (ancien et nouveau règlements). — Pas de condition d'âge, 15 ans de service.

A Lyon, l'incapacité de travail doit résulter de blessures, maladies ou infirmités contractées en service.

Au Midi, il faut qu'elle soit régulièrement constatée par le service médical de la Compagnie.

A l'Est, le service médical doit également intervenir ; il faut de plus que l'agent soit reconnu incapable de continuer ses fonctions ou de remplir un autre emploi équivalent au point de vue de la retraite.

Etat. — 50 ans d'âge et 20 de service, ou mise à la réforme après 15 ans de service, en raison d'infirmités contractées en service.

B. Montant de la pension.

Est. — Pour chaque année de service, une fraction du traitement moyen des six dernières années ou des 6 années les plus favorables, déterminée comme il suit :

De 15 à 20 ans de service, jusqu'à 40 ans, 1/60, au delà de 40 ans, 1/50e ; — de 20 à 25 ans de service, jusqu'à 35 ans, 1/60e, au delà, 1/50e : — à 25 ans de service et au-dessus, jusqu'à 30 ans, 1/60e, de 30 à 55 ans, 1/50e, au delà de 55 ans, 1/60e.

Midi. — Pour chaque année où des retenues ont été effectuées pour la retraite, 1/50e du traitement moyen des six dernières années ou de la durée totale des services.

Lyon (ancien règlement). — Même calcul que pour le Midi.

Lyon (nouveau règlement). — Rente acquise à la

Caisse nationale : 1° par le versement des retenues et de l'allocation annuelle ; 2° par le versement d'une allocation de départ égale à 4 % du traitement moyen des 6 dernières années.

Ouest (ancien règlement. — Autant de 1/60es du traitement moyen des six dernières années de service que d'années de classement.

Ouest (nouveau règlement). — Autant de 1/60es que d'années de service ; le 1/60e est calculé sur le traitement moyen des six dernières années ou, si ce nombre est inférieur à 6, sur le nombre total.

Nord (ancien règlement). — 1° Personnel commissionné : par année de service 1/80e du traitement moyen des six dernières années, indépendamment de la rente acquise à la Caisse nationale ; 2° ouvriers : pension de la Compagnie égale à la rente acquise à la Caisse nationale.

Nord (nouveau règlement). — Rente acquise par les versements à la Caisse nationale, ou en cas de refus de liquidation anticipée par cette Caisse, secours égal à cette rente jusqu'à liquidation normale.

Orléans. — Moitié du traitement moyen des six dernières années, sous déduction de 1/40e par année de service et de 1/80e par année d'âge en moins de 55 ans d'âge et 25 ans de service.

Mais cette règle ne s'applique absolument que s'il s'agit d'agents blessés en service. Au cas de réforme pour infirmités précoces, le règlement ne prévoit l'allocation d'un supplément de rente que si l'agent a atteint 50 ans d'âge et 20 ans de service, sinon il se trouve réduit à la rente acquise à la Caisse nationale.

Etat. — Pension qui aurait été obtenue à 55 ans

d'âge et 25 ans de service, diminuée de 1/50ᵉ par année de service et 1/50ᵉ par année d'âge en moins (il n'est pas opéré de diminution quand il s'agit de mécaniciens ou autres agents des trains).

C. Maximum.

Lyon (ancien règlement). — 12,000 fr.

Lyon (nouveau règlement). — 3/4 du traitement moyen.

Midi. — 2/3 du traitement moyen ou de la durée totale des services.

Orléans. — 39/80 du traitement moyen des six dernières années.

Les autres règlements n'indiquent pas de maximum. Il est évident du reste que le jeu des règles ci-dessus ne doit pas permettre d'atteindre le maximum de la retraite normale.

D. Minimum.

Est. — De 15 à 20 ans de service, 300 fr. ; de 20 à 25 ans, 450 fr. ; à 25 ans et au-dessus, 600 fr.

Orléans. — Pour les victimes d'accidents seulement, 400 fr.

Lyon (nouveau règlement). — 1/100ᵉ du traitement moyen par année de service en dehors de la pension acquise à la Caisse nationale par les retenues versées.

Etat. — 3/10 du traitement moyen.

Nord (ancien règlement). — 100 fr. indépendamment de la rente acquise à la Caisse nationale.

Ouest (ancien et nouveau règlements). — 6/60 du traitement moyen si les années de service sont au nombre de trois ou si l'agent a été blessé en service. Les autres règlements ne prévoient pas de minimum.

Est, Lyon (ancien et nouveau règlements), Ouest (ancien règlement), Orléans et Midi. — L'agent a droit à cette pension.

Nord (ancien et nouveau règlements), Ouest (nouveau règlement), Etat. — Il faut que l'agent ait été préalablement admis, comme pour la retraite réglementaire, à faire valoir ses droits.

7° *Reversibilité de la retraite sur la veuve et les orphelins.*

A. **Conditions à remplir.**

1° En ce qui concerne *la veuve :*

Est. — Deux ans de mariage ; ni divorce, ni séparation judiciaire prononcée contre elle ou solidairement contre les deux conjoints.

Lyon (ancien règlement). — Cinq ans de mariage si l'agent est mort pensionné, deux ans s'il est décédé en service, ni divorce, ni séparation de corps prononcée sur la demande du mari.

Lyon (nouveau règlement). — Deux ans de mariage.

Midi. — Deux ans de mariage, ni divorce, ni séparation de corps prononcée contre la femme.

Nord (ancien règlement). — Six ans de mariage, ni divorce, ni séparation de corps prononcée sur la demande du mari.

Orléans. — Cinq ans de mariage à moins qu'il ne s'agisse d'un agent victime d'accident, dans ce cas aucune condition de durée, pas de séparation prononcée contre la femme (*a fortiori* pas de divorce, le règlement antérieur à la loi qui a rétabli le divorce n'a pu évidemment y faire allusion).

Ouest (ancien règlement). — Deux ans de mariage, pas de séparation de corps prononcée sur la demande du mari (*a fortiori* pas de divorce).

Ouest (nouveau règlement). — Six ans de mariage lors de la mise à la retraite, sauf pour les veuves d'agents tués en service, ni divorce, ni séparation de corps judiciaire, ni séparation de fait dûment constatée.

Etat. — Trois ans de mariage, pas de séparation de corps prononcée sur la demande du mari (pas de divorce *a fortiori*).

2° En ce qui concerne *les enfants*. Ils doivent avoir : Orléans, moins de 18 ans si l'agent était pensionné ou s'il est mort victime d'accident ; s'il est décédé en service, le conseil statue sur chaque cas particulier.

Tous les autres règlements (moins de 18 ans).

3° En ce qui concerne *l'agent :*

Est, Lyon (ancien et nouveau règlements), Midi, Ouest (ancien et nouveau règlements). — 15 ans de service sans conditions d'âge.

Nord (ancien règlement). — 20 ans de service actif, 25 ans de service sédentaire.

Etat. — 50 ans d'âge et 20 ans de service.

Orléans. — 50 ans d'âge, 20 ans de service, à moins qu'il ne s'agisse d'agents victimes d'accidents, auquel cas aucune condition.

B. Montant de la pension de la veuve ou des orphelins.

Est. — Moitié de la pension du mari ou de la pension qu'il aurait pu obtenir.

Lyon (ancien règlement). — Moitié de la pension du mari (la veuve de moins de 60 ans peut, si la Compagnie l'y autorise, toucher au lieu de pension un capital égal à 10 annuités).

Lyon (nouveau règlement). — Pour la *veuve :* 1° Elle touchera à partir de 50 ans la rente provenant des versements de retenues faits sur sa tête depuis le mariage ; 2° Elle pourra toucher au même âge, la rente provenant de l'allocation de licenciement dont le mari a pu demander le versement pour moitié sur sa tête ; 3° Si le mari est décédé en service, elle touche en capital moitié de l'allocation de licenciement, soit 2 °/₀ du traitement par année de service ; — pour les *orphelins*, rien.

Midi. — Si l'agent était pensionné, moitié ; s'il est décédé en service, autant de 1/100ᵉˢ du traitement moyen que d'années de service.

Nord (ancien règlement). — Moitié de la pension que la Compagnie aurait servie ou sert au mari, la veuve touche en outre la rente acquise à la Caisse nationale par les versements faits sur sa tête.

Nord (nouveau règlement). — La veuve touchera à 50 ans la rente acquise sur sa tête à la Caisse nationale. Rien pour les *orphelins.*

Orléans. — Pour la *veuve,* si l'agent était pensionné, moitié de la pension du mari, à moins que les versements à la Caisse nationale aient été faits à capital réservé, dans ce cas aucune pension. Si l'agent est décédé en service, moitié de la pension qu'il aurait touchée.

Pour les *orphelins.* — Si l'agent était pensionné, moitié de la pension du père, sous la même réserve que ci-dessus ; si l'agent est décédé en service, moitié de la pension s'il a été victime d'accident, sinon secours temporaires accordés dans chaque cas par le Conseil.

Ouest (ancien règlement). — 1° Si le père est décédé pensionné, à titre réglementaire ou par anticipation, ou en service ayant plus de 50 ans d'âge et 20 ans de service ; — pour la *veuve,* moitié de la pension servie ou à servir, en y comprenant la rente acquise à la Caisse nationale par les versements faits sur sa tête, calculée à capital aliéné ; — pour les *orphelins,* moitié de la pension du père s'il était veuf; si la mère a survécu et décède à son tour, reversibilité sur les orphelins de la pension que lui servait la Compagnie. — 2° Si le père est décédé pensionné pour infirmités prématurées, ou en service ayant moins de 50 ans d'âge, mais ayant au moins 15 ans de service ; dans les deux cas, reversibilité sur la veuve et les orphelins, dans les conditions ci-dessus, de moitié d'une pension calculée à raison d'un 60ᵉ par année de service.

Ouest (nouveau règlement). — 1° Si l'agent était pensionné au titre de la retraite réglementaire ou anticipée; — pour la *veuve* ayant au moins 50 ans, moitié de la retraite totale du mari, la Compagnie n'ayant à verser que le complément de la rente acquise à la Caisse de la Vieillesse, calculée à capital aliéné ; pour la *veuve* de moins de 50 ans, la Compagnie versera comme ci-dessus ; la part à servir par la Caisse nationale se trouvera donc ajournée, à moins qu'il n'y ait des enfants mineurs de 18 ans, auquel cas la Compagnie compléterait temporairement la moitié de la retraite du mari ; — pour les *orphelins,* moitié de la pension du père ; — 2° si l'agent est décédé en service après 50 ans d'âge et 20 ans de service, même reversibilité que ci-dessus, l'agent étant considéré comme mis d'office à la retraite anticipée ; — 3° si l'agent est décédé en service sans remplir les conditions ci-dessus, mais comptant au moins 15 ans de service, ou pensionné pour infirmités prématurées, sous la même condition de 15 ans de service, reversibilité sur la veuve et les orphelins, suivant les mêmes règles que ci-dessus, de moitié d'une pension calculée à raison de 1/60e du traitement moyen des six dernières années pour chaque année de service.

Il convient de noter ici que le nouveau règlement Ouest qui ne s'applique en principe qu'aux agents classés à partir du 1er juillet 1896, est applicable cependant aux agents classés antérieurement pour tout ce qui regarde les veuves et les enfants lorsque le mariage est postérieur à cette date.

Etat. — Moitié.

C. Maximum.

Le règlement du Midi indique seul un maximum :

Agents décédés en service avant 55 ans d'âge et 25 ans de service : 1/3. Agents pensionnés ou décédés en service mais ayant droit à la retraite, pas de maximum.

Pour tous les autres règlements, pas d'autre maximum que celui qui peut résulter du maximum fixé pour la retraite du mari.

D. Minimum.

Est. — Si l'agent avait 20 ans de service, 365 fr. ; 15 à 20 ans, 250 fr.

Ouest (ancien règlement). — 250 fr.

Ouest (nouveau règlement. — Pas de minimum.

Orléans. — 300 fr. si l'employé a été victime d'un accident. Les autres règlements n'indiquent pas de minimum.

E. Retour de la part de pension de l'enfant qui atteint la limite d'âge ou décède.

La pension des orphelins est partagée entre eux par parts égales. La part du défaillant fait retour aux plus jeunes à l'Ouest (ancien et nouveau règlements), au Midi et à Orléans, mais pour cette dernière Compagnie, seulement si le père est mort victime d'accident.

Selon tous les autres règlements, ce retour n'existe pas.

F. Reversibilité de la veuve pensionnée sur les enfants.

La pension de la veuve fait retour aux enfants à l'Ouest (ancien et nouveau règlements), à l'Est, à Lyon (ancien règlement), au Midi et au Nord (ancien règlement) ; à Orléans elle ne fait retour que si le père est mort victime d'accident. A l'Etat pas de retour.

A Lyon et au Nord (nouveau règlement), les enfants n'ont jamais rien.

G. Partage entre la veuve et les enfants d'1 premier lit. sauf reversibilité en faveur de la veuve.

Est. — Moitié au maximum pour les enfants du premier lit.

Lyon (ancien règlement), Ouest (ancien et nouveau règlements) Midi et Etat. — 1/4 pour les enfants du premier lit s'il y a un orphelin, 1/2 s'il y en a plusieurs.

Nord (ancien règlement). — Une partie peut être attribuée aux enfants du premier lit.

Les règlements nouveaux (Nord et Lyon), ne prévoient rien pour les enfants du premier lit.

Notons en passant qu'aucun règlement ne prévoit de reversibilité de la pension d'une femme retraitée sur la tête de son mari.

8° Droits des agents sur les retenues opérées sur leur salaire et sur la dotation patronale.

A. **Retenues sur le salaire.**

Ouest (ancien et nouveau règlements), Nord (ancien et nouveau règlements), Lyon, (nouveau règlement), Orléans (pour la part statutaire). — Ces retenues sont versées à la Caisse des Retraites pour la Vieillesse, au compte de l'agent et sont sa propriété.

Est. — L'agent rayé des cadres sans droit à la retraite est remboursé de ses retenues avec les intérêts cumulés au taux bonifié de la Caisse d'épargne de Paris.

Lyon (ancien règlement), Etat et Midi. — Les retenues sont remboursées sans intérêts aux agents rayés des cadres.

B. **Dotation patronale.**

Est, Midi, Etat, Lyon (ancien règlement), Nord (ancien règlement), Ouest (ancien et nouveau). — La dotation patronale est versée en totalité à la Caisse patronale et l'agent n'acquiert de droit sur ces versements que lors de la liquidation de sa pension.

Nord (nouveau règlement). — La dotation patronale est versée au compte individuel de l'agent à la Caisse nationale et devient ainsi sa propriété.

Lyon (nouveau règlement). — Il en est de même à Lyon de l'allocation annuelle.

Orléans. — Le complément annuel destiné à compléter avec la part statutaire des bénéfices 10 % du traitement, est versé également à la Caisse nationale.

9° Chiffre de la dotation patronale par réseau en 1897.

Est.	4.759.917 fr.
Nord.	4.631.356
Lyon.	8.159.000
Midi.	3.955.558
Orléans.	5.656.581
Ouest.	5.608.003
État.	1.039.969
TOTAL (arrondi). . . .	33.810.400 fr.

10° Gestion des Caisses de retraites.

Est. — La caisse est gérée par le conseil d'administration et le directeur, aux frais de la Compagnie.

Lyon (ancien règlement). — Gestion aux frais de la Compagnie par cinq membres choisis par le conseil dans son sein.

Midi. — La gestion est confiée à une Commission composée de trois membres du Conseil, du Directeur et de quatre agents ou ouvriers dont deux avec voix délibérative et deux avec voix consultative. Les frais sont à la charge du fonds de réserve institué pour servir les pensions.

Ouest (ancien et nouveau règlements). — Le Conseil délègue tout ou partie de ses pouvoirs à une Commission de trois membres choisis par lui dans son sein ou hors de son sein. Il se réserve d'autoriser les acquisitions ou aliénations de valeurs mobilières ou immobilières et les placements de fonds. La Caisse est gérée aux frais de la Compagnie.

Nord (ancien règlement). — Gestion aux frais de la Compagnie par le Comité de Direction qui est une émanation du Conseil d'administration.

État. — Gestion par un Comité composé du Directeur, président de droit, de deux fonctionnaires et de deux agents nommés par le Ministre des Travaux publics.

Les règlements Orléans, Lyon et Nord (nouveaux) ne comportent pas d'organisation de Caisse.

Voyons maintenant quelle est la valeur de ces institutions. Il faut pour cela les diviser en deux groupes : d'une part les six anciens règlements des Compagnies, sur lesquels fut calqué dans les grandes lignes celui du réseau de l'État, d'autre part les trois nouveaux règlements.

Les anciens règlements représentent l'effort progressif tenté par les Compagnies pour obtenir un double résultat : s'assurer à elles-mêmes par la promesse de la retraite un personnel stable et attaché à son état ; assurer à leurs agents, pour eux-mêmes à l'âge où le repos devient nécessaire, pour leurs veuves et leurs enfants après eux, une pension qui les mette à l'abri du besoin.

A ce double point de vue, ces règlements ne méritent que des éloges. Dans leur ensemble, ils assurent aux

agents à 55 ans d'âge et 25 ans de service une pension
égale à la moitié de leur traitement et qui va augmen-
tant avec le nombre des années de service sans être
limitée, comme dans les services de l'État, par des
maxima trop étroits. La veuve et les enfants ont droit
à la moitié de la pension du mari, alors que les veuves
de fonctionnaires ne reçoivent qu'un tiers. L'agent
atteint d'infirmités prématurées, la veuve et les enfants
de l'agent mort au bout de 15 ans de service obtiennent
une retraite proportionnelle...........

Le seul reproche que l'on puisse faire aux Compagnies, c'est de n'avoir pas montré suffisamment de
prévoyance, de n'avoir pas évalué exactement les
charges qu'elles assumaient.

Les règlements nouveaux, nous l'avons dit, ont été
élaborés précisément en vue d'échapper pour l'avenir
à l'accroissement de charges résultant, d'une part de
l'abaissement du taux de l'intérêt, d'autre part de l'accroissement du personnel.

Ils se subdivisent eux-mêmes en deux groupes distincts : d'une part le nouveau règlement Ouest, dans
lequel, continuant à s'inspirer de l'esprit des anciens
règlements, on a cherché à réduire les charges en
retardant de plusieurs années pour le plus grand nombre
d'agents la date de l'entrée en jouissance, et en appliquant aux veuves des agents mariés depuis la mise en
vigueur un régime moins avantageux que par le passé ;
— d'autre part, les règlements Nord et Lyon, conçus
dans un esprit absolument différent des anciens règlements. Celui du Nord est le plus radical, car il supprime tout aléa pour la Compagnie. C'est le retour au
système primitif. L'agent doit toucher à 50 ans la rente

acquise par les versements faits en son nom. Celui de Lyon majore cette rente par une allocation de départ. Ils présentent l'inconvénient de ne rien assurer aux enfants.

III. Dispositions législatives applicables aux caisses de retraites des Compagnies.

1° *Loi du 27 décembre 1890.*

Nous avons eu à parler longuement de l'article 1er de cette loi à l'occasion de la rupture du contrat de louage ; nous avons fait alors l'historique de la loi. Rappelons seulement que l'article 2 qui vise les caisses de retraites est tout ce qui reste des dispositions d'ordre spécial par lesquelles la Chambre avait voulu régler les rapports des Compagnies et de leurs agents.

Cet article dispose que « dans le délai d'une année, les Compagnies et Administrations de chemins devront soumettre à l'homologation ministérielle les statuts et règlements de leurs Caisses de retraites et de secours ».

Des circulaires du Ministre des Travaux publics en date des 6 janvier et 5 juin 1891 invitèrent les Compagnies à se conformer à la loi. Les règlements adressés au Ministre furent d'abord examinés par les fonctionnaires du contrôle, puis spécialement au point de vue financier par un inspecteur des finances ; enfin soumis au Comité consultatif des Chemins de fer, lequel délégua pour les étudier une Commission spéciale.

Le rapport de cette Commission a été déposé le 11 février 1894 par M. Chauchat. Il conclut à l'impossibilité d'examiner à fond les règlements et par suite d'arriver à leur homologation, tant que les Compagnies n'auront pas justifié que la subvention allouée par chacune d'elles en vue de la retraite est suffisante pour assurer dans le présent et dans l'avenir le service des pensions.

Le Comité consultatif a fait siennes ces conclusions, le 28 février 1894. Les Compagnies ont été invitées en conséquence à fournir les justifications financières réclamées par le Comité.

En fait, aucun règlement n'a reçu l'homologation définitive exigée par la loi. Seul, le règlement du Midi a été homologué à titre provisoire. Ainsi, le but de la loi n'a pas été rempli, mais le législateur n'a pas fait une œuvre inutile. Les Compagnies ont, depuis 1890, modifié leurs anciens règlements et augmenté considérablement le chiffre de leur dotation. Elles ont fait examiner par des actuaires l'avenir financier de leurs Caisses de retraites. Tout permettait donc d'espérer que la volonté du législateur de 1890 serait réalisée et qu'après examen et correction, les statuts des Caisses de retraites des Compagnies recevraient l'homologation nécessaire.

2° *Loi du 27 décembre 1895.*

Mais, depuis lors, le vent législatif a soufflé d'un autre côté. La loi du 27 décembre 1890 avait pour but le perfectionnement des Caisses existantes. La loi postérieure, du 27 décembre 1895, aurait pour effet, si elle était appliquée, leur transformation radicale, au grand détriment du personnel.

Nous allons indiquer rapidement les dispositions de cette loi; nous montrerons ensuite qu'elle est applicable aux Caisses des retraites des Compagnies, qu'elle a abrogé implicitement la loi du 27 décembre 1890 et qu'elle a délié les Compagnies des engagements pris envers le personnel.

Son but général est de garantir, aussi complètement que possible, les droits acquis ou éventuels des salariés en matière de retraite, de secours et de prévoyance contre les risques industriels.

L'article 1.er vise, d'une part, le cas de faillite, de liquidation judiciaire ou de déconfiture du chef d'entreprise; d'autre part, la fermeture de l'établissement ou la cession volontaire de l'entreprise.

Dans toutes ces hypothèses, il dispose qu'il y aura lieu à restitution en capital et intérêts fixés soit par la convention des parties, soit d'après les tarifs de la Caisse nationale des retraites de la Vieillesse, de toutes les sommes qui auraient été : 1° retenues sur les salaires ; 2° versées au chef de l'entreprise ; 3° allouées par le patron lui-même, pour une institution de prévoyance, lorsque ces sommes n'auront pas été utilisées conformément aux statuts.

Il est fait exemption au cas de cession volontaire lorsque le cessionnaire consent à prendre la place du cédant.

L'article 2 autorise la Caisse des dépôts et consignations à recevoir en dépôt le fonds des associations de prévoyance et à leur tenir compte des intérêts au taux des Caisses d'épargne.

L'article 3 est spécial aux Caisses de retraites ; il dispose, *pour l'avenir seulement*, que, dans les trois mois de la promulgation de la loi, toutes les sommes provenant, depuis le 27 décembre 1895 : 1° des retenues faites en vue de la retraite ; 2° des dons faits en vue de la retraite ; 3° de l'allocation patronale elle-même, devront être versées 1° soit à la Caisse nationale des retraites au compte individuel de chaque agent ; 2° soit à la Caisse des dépôts et consignations, le versement, dans ce cas, étant collectif ; 3° soit à des Caisses syndicales ; 4° soit à des Caisses patronales, ces deux dernières catégories de Caisses devant être, au préalable, autorisées par un décret rendu dans la forme des règlements d'administration publique qui déterminera les conditions de fonctionnement de la Caisse, son mode de liquidation et les mesures à prendre pour assurer, s'il y a lieu, le transfert soit à une Caisse analogue, soit à la Caisse nationale des retraites, des sommes inscrites au livret de chaque intéressé.

Ce n'est pas tout. L'article 3 énumère limitativement les valeurs en lesquelles il pourra être fait emploi des sommes versées à la Caisse syndicale ou patronale, et prescrit que ce soit en titres nominatifs.

Enfin, il soumet ces Caisses à la vérification de l'inspection des finances et au contrôle des receveurs particuliers de leur arrondissement.

Un dernier paragraphe vise le cas où des conventions spéciales seraient intervenues dans le but d'assurer aux employés, à leurs veuves ou à leurs enfants, soit un supplément de rente viagère, soit des rentes temporaires ou des indemnités déterminées à l'avance.

Il dispose que le capital destiné à garantir ces engagements devra être versé dans les mêmes conditions que ci-dessus.

L'article 4 confère aux intéressés : 1° un droit de gage dans la mesure des droits acquis et des droits éventuels sur les sommes ou valeurs affectées aux institutions de prévoyance et versées soit à la Caisse des dépôts, soit à toute autre caisse ; 2° un privilège sur tout l'effectif patronal pour la restitution : *a)* des sommes affectées aux institutions de prévoyance et non encore versées pour la dernière année ; *b)* de ce qui serait dû pour l'année courante.

L'article 5 prévoit la représentation par mandataire des ouvriers et employés, au cas de contestation relative à leurs droits dans les Caisses de retraites ou de secours.

L'article 6 annonce un règlement d'administration publique.

Ce règlement a été édicté le 14 octobre 1897 après avis de la Commission consultative des Caisses syndicales et patronales de retraites, nommée le 10 janvier 1896.

Il règle, dans les articles 1 à 8, le fonctionnement de la Caisse des dépôts et consignations, comme Caisse des institutions de prévoyance.

L'article 9 dispose que le décret qui autorisera chaque Caisse syndicale ou patronale, déterminera, en ce qui la concerne, les conditions de dépôt et de retrait des sommes ou valeurs.

L'article 10 règle les conditions de l'élection du mandataire prévue par l'article 5 de la loi.

Les articles 11 à 13 règlent le mode de liquidation des droits acquis et des droits éventuels, liquidation qui s'impose au cas de faillite judiciaire, déconfiture, abandon ou cession de l'entreprise. Ils indiquent qu'on prendra pour base de cette liquidation le capital constitutif des pensions calculé suivant les règles en vigueur à la Caisse nationale des retraites au moment de la liquidation. Ils définissent le capital constitutif de la pension en cours de service et de la pension en cours de formation.

L'article 14 soumet aux mêmes règles la liquidation des droits à reversibilité des pensions et celles des pensions résultant de conventions spéciales prévues par l'article 3 (dernier alinéa) de la loi.

L'article 15 indique dans quelle mesure il y a droit acquis sur les dépôts au cas de liquidation ou faillite et règle le calcul des droits éventuels.

L'article 16 a pour objet le dessaisissement par la Caisse dépositaire, après liquidation du gage homologué judiciairement, soit par transfert à la Caisse nationale des retraites, soit par remise directe aux intéressés.

Voyons maintenant si ces dispositions sont applicables aux Caisses des retraites des compagnies. Sur ce point le doute n'est pas possible. Le texte adopté en première lecture par le Sénat, ne prévoyait pas de Caisses patronales. Quand vint la deuxième délibération, M. Thézard, rapporteur, fit connaître au Sénat que la Commission avait apporté une addition au texte primitif dans le but de ne pas porter atteinte à l'existence des Caisses sérieusement constituées et offrant toutes garanties aux intéressés, et il indiqua comme type de ces Caisses patronales, les caisses de retraites des Compagnies de chemins de fer (séance du 28 février 1893, page 221).

D'ailleurs, les termes de la loi sont absolument généraux ; que l'on se reporte en effet, soit à son intitulé « loi concernant les Caisses de retraite, de secours « et de prévoyance fondées au profit des employés et « ouvriers, » soit au texte de l'article 3, le plus impor-

tant pour les Caisses de retraites, qui s'exprime ainsi :
« ... toutes les sommes qui, à l'avenir, seront rete-
« nues sur les salaires des ouvriers et toutes celles
« que les chefs d'entreprise auront reçues ou se seront
« engagées à fournir en vue d'assurer les retraites,
« devront être versées... » il est facile de constater
que la loi est absolument générale, qu'elle n'admet
ni distinctions, ni exceptions.

Elle est donc bien applicable aux Caisses de retraites
des Compagnies, mais il convient de remarquer que
l'article 3 spécial aux Caisses de retraites, et capital en
ce qui les concerne, ne dispose que pour l'avenir, et
que, par suite, les Caisses de retraites des Compagnies
sont soustraites à son application, tant en ce qui regarde
l'obligation de verser à telle ou telle caisse, qu'en ce
qui regarde le mode de placement, pour tout ce qui a
été versé antérieurement au 27 décembre 1895.

Abordons maintenant une seconde question.

La loi de 1895 peut-elle se concilier avec la loi de
1890, ou l'a-t-elle abrogée ?

Nous estimons que ces deux lois sont inconciliables,
en ce qui concerne les Caisses de retraites et que par
suite, celle de 1895 a, tacitement, abrogé la première.

Si, en effet, on les appliquait concurremment, d'une
part les règlements resteraient soumis pour homologation à l'examen du Comité consultatif et à la sanction
du Ministre des Travaux publics ; d'autre part, ils devraient être soumis, d'abord pour avis, à la commission consultative des Caisses syndicales et patronales
instituée par décret du 30 janvier 1896, ensuite au
Conseil d'Etat pour élaboration du règlement d'administration publique nécessaire, et ce règlement serait

contresigné par le Ministre du Commerce et de l'Industrie ; ainsi deux départements ministériels et trois assemblées différentes auraient à remanier séparément les mêmes textes.

On a soutenu cependant que la conciliation était possible. Le droit d'homologation du Ministre des Travaux publics lui confère, a-t-on dit, un pouvoir illimité d'investigations et de modifications, tandis que le rôle du Conseil d'Etat est fixé limitativement par l'alinéa 2 de l'article 3 de la loi de 1895.

Cette opinion nous paraît inadmissible en présence des termes de l'article 3, lequel dit expressément que le décret d'autorisation « fixera le mode de fonction-» nement de la Caisse ».

Il faut remarquer, de plus, que pour certaines Sociétés également soumises à l'autorisation du Gouvernement, par l'article 66 de la loi de 1867 sur les Sociétés (associations de la nature des tontines, sociétés d'assurances sur la vie), les auteurs sont d'accord avec la pratique suivie par l'administration, qui procède, avant toute autorisation, à l'examen des statuts.

Cet argument d'analogie nous est fourni par un rapport de M. Sibille au Comité consultatif en date du 15 février 1897. Ce rapport conclut à l'application aux Caisses de retraites des Compagnies de la loi de 1895 et à l'abrogation par cette loi de l'article 2 de la loi du 27 décembre 1890, en ce qui concerne les Caisses de retraites.

Nous trouvons ces conclusions trop absolues, et ici encore nous croyons qu'il y a lieu de distinguer, aux termes mêmes de la loi de 1895, entre les dispositions qui ont un effet retroactif, l'article 1er par exemple, et l'article 3, qui ne dispose que pour l'avenir.

Nous croyons donc que le Ministre des Travaux publics reste armé du droit d'homologation en ce qui concerne les règlements des Caisses constituées par les versements antérieurs au 27 décembre 1895.

Quoi qu'il en soit, il est dessaisi pour l'avenir, et c'est là un des vices de la loi. Les conventions de 1883, passées entre l'Etat et les Compagnies de chemins de fer, ont fait de celles-ci les véritables associées de l'Etat; les sommes dépensées chaque année par les Compagnies pour les retraites sont portées au compte d'exploitation et, par suite, viennent en cas d'insuffisance grever la garantie d'intérêts, en tout cas retarder le partage des bénéfices. Il serait donc logique que le département ministériel, qui a le contrôle de la gestion des Compagnies, conservât la haute main sur une organisation qui constitue une de leurs plus grosses dépenses.

Voyons maintenant les autres conséquences de la loi de 1895.

L'article 1er doit-il être envisagé en ce qui concerne les Compagnies de chemins de fer ?

Nous ne parlons, bien entendu, ni de la faillite, ni de la liquidation judiciaire, qui sont impossibles en raison du régime financier des chemins de fer français. Nous ne parlons pas davantage de l'hypothèse d'une cession faite à une Société nouvelle, les Compagnies actuelles devant, selon toute probabilité et, en tout cas, sauf rachat, assurer le service des voies ferrées jusqu'à l'expiration de leurs contrats.

Mais qu'aviendrait-il au cas de rachat, qu'arrivera-t-il à l'expiration des concessions ?

Nous ne croyons pas que l'une ou l'autre de ces hypothèses puisse être assimilée, à moins de faire

mentir les mots, à une « fermeture de l'établissement », puisque l'exploitation des réseaux continuera.
Doit-on les considérer comme une cession volontaire ?

En ce qui regarde le rachat, cela nous paraît tout-à-
fait impossible. La loi dit « cession *volontaire* » ; elle
exige donc qu'il y ait de la part du patron en cause
un *acte de volonté*. Rien de pareil dans le rachat, c'est
du côté de l'État que serait l'acte de volonté et la
Compagnie en cause n'aurait qu'à s'incliner.

Donc, pas d'application au cas de rachat. Quant au
retour à l'État, à l'expiration de la concession, c'est
plus discutable ; l'époque a été fixée d'un commun
accord par les deux parties, on peut donc soutenir que
dans ce cas la rétrocession qui sera faite aura été
volontaire.

Mais nous croyons que dans l'un et l'autre cas,
l'État sera amené à prendre le lieu et place des Compagnies, comme le prévoit l'article 1er, alinéa 5, et
qu'ainsi la loi de 1895 recevra son application.

L'article 2 ne comporte aucune obligation en ce qui
regarde les Caisses de retraites.

L'article 3 est de beaucoup le plus important. Il dispose, nous l'avons vu, pour l'avenir seulement. Voici
donc quel serait, suivant nous, son effet en ce qui
concerne les Caisses de retraites des Compagnies.

Les anciennes Caisses, constituées par les éléments
statutaires de la retraite jusqu'au 27 décembre 1895,
subsisteraient (sauf homologation du Ministre des
Travaux publics) sans que l'autorisation par décret
soit exigible, et conserveraient toute liberté pour leurs
placements.

Pour la période postérieure au 27 décembre 1895,

tous les éléments de la retraite devraient être versés soit au compte personnel de l'agent à la Caisse de la vieillesse, soit à la Caisse des dépôts et consignations, à moins que les Compagnies, pour profiter de l'exception introduite dans la loi en faveur des Caisses patronales offrant toute sécurité, ne demandent et n'obtiennent l'autorisation de constituer de nouvelles Caisses patronales astreintes à employer ces éléments de retraite en valeurs limitativement énumérées par l'alinéa 3 de l'article 3 et soumises, tant à la vérification de l'inspection des Finances qu'au contrôle du Receveur des Finances (à Paris le Receveur central de la Seine).

Mais les engagements que les Compagnies ont pris à l'égard de leur personnel l'ont été à une époque où elles jouissaient de toute liberté pour leurs placements. Les conditions changeant, l'engagement subsiste-t-il ?

La négative n'est pas douteuse ; la question a été posée très nettement au Sénat, et M. Cuvinot, parlant au nom de la commission, a déclaré formellement que si le patron avait promis une pension « déterminée », il serait libéré de son obligation quant au chiffre de la pension tout en restant tenu aux efforts consentis par lui pour assurer ce chiffre (Sénat, 28 février 1893, (*Journal officiel*, p. 228, col. 2).

Autrement dit, les Compagnies resteraient liées pour l'avenir quant aux taux de leur dotation, mais les engagements pris par elles en ce qui concerne le *quantum* des pensions tomberaient de plein droit.

Ainsi coexistence de deux Caisses, l'une libre dans son action, assurant d'une part le service des pensions liquidées au 27 décembre 1895 et, d'autre part, faisant valoir les éléments de retraite antérieurs à cette même date pour tous les droits éventuels ayant pris naissance avant la loi; l'autre limitée dans son action, astreinte à certains placements peu rémunérateurs, faisant valoir les éléments de retraite postérieurs à la loi et afférents en partie à ces mêmes droits; voilà pour la bonne administration.

Rupture des engagements pris quant au quantum de la pension; voilà pour l'intérêt du personnel.

Nous ne revenons pas sur les articles 4 et 6 relatifs aux sécurités accordées aux intéressés (privilège, droit de gage et à leur représentation par mandataire non plus que sur le décret du 14 octobre 1897; ils sont applicables aux Compagnies. Il suffit en ce qui les concerne de se reporter au résumé que nous avons donné plus haut.

Les inconvénients très graves que nous avons signalés, tant au point de vue de la garantie d'intérêts qu'à celui de la bonne administration et de la sécurité du personnel, n'ont pas passé inaperçus.

Avant même que la loi fût votée, le comité consultatif des Chemins de fer avait compris le danger qu'elle ferait courir aux Caisses de retraites des chemins de fer, et invité le Gouvernement à demander le vote d'un article déclarant la loi inapplicable, notamment aux six grandes Compagnies et au réseau de l'Etat. Cette disposition n'a pas trouvé place dans la loi.

M. Sibille, qui rappelle cette intervention dans son rapport au Comité consultatif précité, avait lui-même soumis à la 6ᵉ législature de la Chambre, le 5 avril 1897, une proposition déclarant la loi de 1895 inapplicable aux Caisses de retraites des Compagnies et maintenant pour elles le régime de l'article 2 de la loi de 1890.

De son côté le Gouvernement avait déposé sur le bureau de la Chambre, le 26 novembre 1897, un projet de loi sur lequel nous allons bientôt revenir et dont l'article 5, alinéa 3, avait le même objet que la proposition de M. Sibille.

Ni la proposition de M. Sibille, ni l'article du Gouvernement ne sont venus en discussion avant la fin de la législature.

Nous verrons plus loin que le Gouvernement va sans doute revenir à cet ordre d'idées.

3° Proposition relative à la situation des mécaniciens, chauffeurs et agents des trains, actuellement soumise au Sénat.

La sixième législature de la Chambre a été saisie d'une proposition de loi de M. Descubes, relative notamment à la situation des mécaniciens et chauffeurs de chemins de fer. Cette proposition fut renvoyée à la Commission du travail, qui confia le rapport à M. Descubes. Il fut déposé le 21 décembre 1895 ; l'article 4 du texte soumis à la Chambre au nom de la Commission réglait ainsi le droit à la retraite pour les mécaniciens et chauffeurs :

1° Retraite proportionnelle après 15 ans de service au cas d'incapacité de travail ;

2° Retraite proportionnelle après 20 ans de service sur la demande de l'agent ;

3° Retraite sans condition d'âge à 25 ans de service ;

Le 20 novembre 1897, avant que la Chambre eût statué sur le texte de la Commission, le Gouvernement déposait un projet de loi sur le même objet.

L'article relatif à la retraite des mécaniciens et chauffeurs comprenait trois dispositions :

1º Obligation pour toutes les Compagnies d'assurer une retraite aux mécaniciens et chauffeurs ;

2º Droit à la retraite proportionnelle après 15 ans de service au cas d'incapacité de travail ;

3º Abrogation, ainsi que nous l'avons dit plus haut, de la loi du 27 décembre 1895 pour tout le personnel des chemins de fer.

Quelques jours après (30 novembre) MM. Berteaux, Jaurès et Rabier déposaient à leur tour une proposition sur la situation des mécaniciens, chauffeurs et agents des trains, dont les dispositions avaient été inspirées sinon rédigées par le Syndicat d'agents de chemins de fer qui prenait le titre de Syndicat national.

L'article 4 devenu l'article 5 définitif, relatif aux retraites, dépassant la portée de l'intitulé de la proposition, détermine de la façon suivante le droit à la retraite pour tous les agents de chemins de fer :

1º Retraite proportionnelle sans conditions d'âge ni de service pour tout agent incapable de travail par suite de blessures ou d'infirmités prématurées ;

2º Retraite proportionnelle après 10 ans de service à tout agent congédié, sauf pour indélicatesse ;

3º Retraite proportionnelle après 15 ans de service sur la demande de l'agent ;

4º Retraite sans épithète, c'est-à-dire, sans doute, retraite normale à 20 ans de service sans condition d'âge.

La Chambre, dans la séance du 17 décembre 1897, a repoussé l'article 1.er du texte de la Commission et écarté le projet du Gouvernement en adoptant la proposition Berteaux complétée, en ce qui concerne les retraites, par une disposition additionnelle de M. Périer, suivant laquelle le droit à la retraite court du jour où les agents remplissent leurs fonctions, à charge par eux de verser à la Caisse des retraites à partir de ce jour-là.

La proposition, votée par la Chambre, a été transmise au Sénat le 21 décembre 1897.

Une Commission a été nommée pour l'examiner le 20 janvier 1898.

Voyons maintenant quelle est la valeur des dispositions adoptées par la Chambre.

Et d'abord, quelle peut être historiquement l'autorité d'une proposition votée sans discussion dans les derniers mois de la législature, par une Chambre élue au scrutin d'arrondissement et dont les membres devaient être réélus sous le même régime ?

D'ailleurs, si l'on va au fond des choses, ne saute-t-il pas aux yeux que les règlements de retraite ainsi modifiés iraient à l'encontre de ce qu'on s'est toujours proposé en instituant des retraites.

D'une part, en effet, on a voulu assurer au personnel des chemins de fer le repos à l'âge de l'invalidité. Or, la proposition accorde le droit à la retraite proportionnelle à 10 ou 15 ans de service, soit dès 35 ou 40 ans, et le droit à la retraite normale à 20 ans de service, soit dès 45 ans, à l'âge de la pleine validité.

D'autre part, on a voulu faire de la retraite la récompense de longs services et s'assurer ainsi un personnel stable et expérimenté. Or, la proposition aurait fatalement pour effet d'inciter tout agent capable d'exercer un autre métier, à faire liquider sa retraite dès qu'il y aurait droit pour cumuler sa pension avec un salaire nouveau.

Enfin, la proposition entraînerait un accroissement

considérable des charges déjà fort lourdes que les Compagnies supportent du chef de la retraite en raison :

1° De la suppression du stage actuel, par la disposition qui fait courir le droit à la retraite de l'entrée en fonctions ;

2° Des retraites à prévoir pour les agents congédiés ;

3° De la fixation à 40 ans de l'âge de la retraite anticipée actuellement facultative pour les Compagnies et qui deviendrait un droit pour l'agent ;

4° De l'abaissement de 55 a 45 ans, en moyenne, de l'âge de la retraite normale, abaissement qui entraînerait non seulement accroissement du nombre des pensions, mais majoration du chiffre, en raison de la règle universellement admise par les Compagnies, suivant laquelle les pensions sont majorées d'une fraction pour chaque année dépassant la durée réglementaire du service : Ainsi, un agent de l'Ouest retraité à 60 ans toucherait $30/60^{es}$ (retraite normale) $+ 15/60^{es}$ d'augmentation, soit les 3/4 du traitement. Sous le régime actuel, il toucherait, en le supposant classé à 25 ans, $30/60^{es} + 10/60^{es}$ soit les 2/3 du traitement.

Ces conséquences sont de nature à faire réfléchir la haute Assemblée.

IV. Commission extraparlementaire.

Un arrêté du Ministre des Travaux publics en date du 16 septembre 1898 a institué une Commission chargée de l'étude des diverses questions se rattachant à l'organisation des retraites des agents de chemins de fer.

Cette Commission, qui se compose de sénateurs, de députés, de conseillers d'Etat et de représentants des Ministres des Travaux publics et des Finances, a examiné les lois de 1890 et de 1895 applicables aux Caisses de retraites.

M. Guieysse, député, a déposé en son nom, le 17 décembre 1898, un rapport dont les conclusions s'écartent sur plusieurs points des opinions que nous avons émises et les confirment sur d'autres points.

D'abord, en ce qui concerne l'incompatibilité qui nous semble exister entre les lois de 1890 et de 1895, le rapport admet qu'il n'y a pas incompatibilité, que la loi de 1890 donne au Ministre des Travaux publics le droit d'approuver ou de rejeter, en se plaçant tant au point de vue de l'intérêt des agents qu'à celui de la garantie d'intérêts, les dispositions de toute nature des règlements de Caisses des retraites, tandis que la loi de 1895 porte uniquement sur les garanties que doivent présenter ces Caisses tant pour la valeur du gage qu'elle établit, que pour l'emploi et la sécurité des fonds engagés.

D'autre part, la Commission a examiné si, comme l'avaient proposé M. Sibille et M. Turrel, il y avait lieu de déclarer inapplicable aux Caisses de retraites des Compagnies la loi de 1895.

Le rapport résout la question par une distinction qui nous paraît très fondée.

L'article 1er, qui lui paraît applicable au cas où le rachat serait, non pas imposé d'office, mais opéré d'accord avec une Compagnie, l'article 2 qui ne crée aucune obligation, l'article 4 qui confère aux intéressés un droit de gage et un privilège, l'article 5 qui vise la représentation des intéressés par mandataire, n'ont paru à la Commission présenter aucun danger pour les inté-rêts des agents ni pour le bon fonctionnement des Caisses.

Mais les dispositions de l'article 3, étant donné la situation spéciale des Caisses des Compagnies, déjà soumises à des vérifications financières, et dont l'homologation ministérielle fera de véritables organismes d'Etat, ont paru inutiles et même dangereuses à la Commission.

Elle a donc jugé qu'il serait fâcheux d'imposer aux Compagnies l'obligation, soit de verser l'actif des Caisses à la Caisse des dépôts ou à la Caisse de la vieillesse, soit de transformer leurs Caisses en Caisses patronales à placements limités.

Le rapport conclut en résumé :

1° A déclarer toujours applicable l'article 2 de la loi du 27 décembre 1890.

2° A déclarer inapplicable aux Caisses des retraites des Compagnies et du réseau de l'Etat, l'art. 3 de la loi du 27 décembre 1895.

SECTION III. — INSTITUTIONS DIVERSES S'AJOUTANT A LA RETRAITE
OU LA SUPPLÉANT.

Sous des formes diverses, les Compagnies et administrations de Chemins de fer ont pris des mesures soit pour assurer une pension à ceux de leurs agents qui ne bénéficient pas de la retraite, soit pour bonifier cette retraite.

A l'Est, les employés et ouvriers en régie qui ne participent pas à la Caisse des retraites et ne supportent aucune retenue sur leur salaire font l'objet des dispositions suivantes :

Il est accordé à ces agents et à leurs veuves ou orphelins âgés de moins de 18 ans, des secours annuels, égaux en principe à la moitié de la pension qui aurait été touchée si l'agent eût été commissionné, avec le même nombre d'années de service.

Il y a, d'ailleurs, une échelle de minima de pension qui élève cette proportion.

Ainsi, *après 25 ans de service* (sans condition d'âge), le secours annuel minimum est de 400 fr. pour l'agent et de 250 fr. pour la veuve ou les orphelins.

Après 20 ans, il est de 300 fr. pour l'agent et de 200 fr. pour la veuve ou les enfants.

Après 15 ans, il est de 200 fr. pour l'agent, 150 fr. pour la veuve ou les enfants.

D'autre part, il est accordé à la veuve ou aux orphelins de l'agent commissionné une somme égale à 4 mois de traitement du défunt, payée pour moitié par la Compagnie et pour moitié par la Caisse de prévoyance.

Cette allocation permet de subvenir aux premiers besoins en attendant la liquidation de la pension.

A l'Etat, une société de secours mutuels et de prévoyance a été fondée sous le patronage de l'Administration entre les ouvriers et employés non commissionnés.

Son but est de fournir des secours ou des pensions de retraite aux membres titulaires, à leurs veuves ou enfants mineurs, et à défaut de veuve et d'enfant, à leur père et mère vivant à leur charge.

La Caisse est alimentée par les cotisations des membres (3 % du salaire), par une subvention de l'Administration, par le produit du placement des fonds, les dons et legs et les amendes.

La Société est administrée par un Conseil présidé

de droit par le directeur du réseau, comprenant six membres désignés par lui et sept élus par les sociétaires.

La retraite est accordée à 55 ans, ou lorsqu'il y a incapacité de travail. Elle est calculée proportionnellement aux versements, suivant un taux d'intérêt fixé chaque année par les sociétaires en assemblée.

A l'Ouest, des secours renouvelables de 365 fr. sont alloués à tous les ouvriers qui n'ont pu être classés en raison de leur âge au 1er janvier 1882, et qui comptent 20 ans de service lors de leur licenciement.

Des allocations de départ, égales au minimum, à un trimestre de la pension, sont accordées, d'une manière générale, aux agents lors de leur mise à la retraite.

Les veuves pensionnées reçoivent une allocation de la même importance.

Dans l'un et l'autre cas, l'allocation a pour but de permettre aux intéressés d'attendre la liquidation de leur pension.

Enfin, la veuve non pensionnée reçoit, en général, lors du décès de son mari, un secours, le plus souvent égal à une année de traitement, réparti en plusieurs annuités.

Au Midi, des pensions viagères sont accordées à de nombreux agents réformés sans remplir les conditions de la retraite.

A l'Orléans, les dispositions suivantes ont été prises en faveur des agents non commissionnés et des ouvriers ayant au moins 5 ans de présence ; allocation de 2 %
à tous ceux qui consentent à supporter une retenue égale, le tout versé au compte individuel de l'intéressé à la Caisse nationale de la vieillesse.

De plus, si l'agent est mis en réforme après 25 ans de services et 55 ans d'âge, il peut obtenir une pension de 350 fr., majorée de 10 fr. par année de service en plus, jusqu'au maximum de 400 fr. Si l'agent est mis en réforme après 50 ans d'âge et 20 ans de services, sans atteindre les conditions déterminées ci-dessus, la pension est réduite de 5 fr. par année d'âge ou de service en moins.

Reversibilité dans les deux cas sur la tête de la veuve ou des enfants mineurs de 18 ans, soit que l'agent décède pensionné, soit qu'il décède en service.

Le mariage doit remonter à 5 ans au moins (ni divorce, ni séparation de corps prononcés contre la femme).

D'autre part, une Société de Secours mutuels et de prévoyance fonctionne entre agents de la Compagnie. Elle compte actuellement plus de 12,000 sociétaires. Elle a une gestion absolument indépendante, mais elle reçoit une subvention de la Compagnie (100,000 fr. par an depuis 1892) et l'Administration en facilite le fonctionnement en opérant sur la solde la retenue des cotisations.

Elle sert des retraites à ses membres.

La Compagnie, indépendamment des avantages ci-dessus, augmente de 50 % la retraite servie lorsqu'il s'agit d'agents ne bénéficiant pas de la retraite réglementaire.

Enfin, d'une manière générale, toutes les Compagnies accordent très largement des indemnités de congé-diement ou de décès et viennent en aide à leurs anciens agents et à leurs familles par voie de secours excep-tionnels ou renouvenables.

Caisses de secours et de prévoyance.

Notons avant de quitter le terrain des institutions de prévoyance que les Caisses de secours fondées par les Compagnies pour leurs agents (notamment à l'Ouest, à l'Est, au Midi) tombent sous l'application de l'article 2 de la loi du 27 décembre 1890 en ce qui concerne la nécessité de l'homologation de leur règlement par le Ministre des Travaux publics, et sous l'application des articles 1, 4 et 5 de la loi du 27 décembre 1895, que nous avons analysés plus haut.

SECTION IV. — DÉPENSES DES COMPAGNIES POUR LEURS INSTITUTIONS PATRONALES.

Nous avons indiqué par quelques chiffres, au cours de cette étude, l'importance des sacrifices que se sont imposés les Compagnies dans l'intérêt de leurs agents.

Nous empruntons à la *Revue générale des Chemins de fer* les chiffres ci-après, donnant, pour chaque réseau, le total des dépenses effectuées en 1897 pour les institutions patronales :

Est..................	9.175.000 fr.
Lyon..............	15.550.000
Midi..............	5.493.000
Nord.............	9.544.000
Orléans...........	10.333.000
Ouest.............	10.383.000
Soit pour l'ensemble des grandes Compagnies.........	60.393.000 fr.
État..............	2.785.000
TOTAL GÉNÉRAL......	63.178.000 fr.

DEUXIÈME PARTIE

CHAPITRE PREMIER

Responsabilité des agents de chemins de fer au point de vue des délits qu'ils peuvent commettre dans l'exercice de leurs fonctions. — Sanctions pénales.

SECTION PREMIÈRE. — Pénalités encourues au cas d'accident

L'article 19 de la loi du 15 juillet 1845 punit de
« 8 jours à 6 mois d'emprisonnement et d'une amende
« de 50 à 1,000 fr., quiconque a, par maladresse,
« imprudence, inattention, négligence ou inobserva-
« tion des lois ou règlements, involontairement, causé
« sur un chemin de fer ou dans les gares ou stations,
« un accident qui a occasionné des blessures. Si l'acci-
« dent a occasionné la mort d'une ou de plusieurs
« personnes, l'emprisonnement est de 6 mois à 5 ans
« et l'amende de 300 à 3,000 fr.

Cet article reproduit presque littéralement les termes des articles 319 et 320 du Code pénal, mais les peines qu'il édicte sont beaucoup plus sévères.

Au cas de blessures, en effet, l'article 320 (C. p.), n'applique qu'un emprisonnement de 6 jours à 2 mois et une amende de 16 à 100 fr.

Au cas de mort, l'article 319 ne porte que 3 mois à 2 ans d'emprisonnement et une amende de 50 à 600 fr.

La raison de l'extrême sévérité du législateur de 1845 a été la nécessité de prévenir des accidents toujours graves en raison de la puissance des forces mécaniques en jeu et du nombre des personnes exposées. Cette sévérité est d'ailleurs tempérée par la possibilité, pour le tribunal, d'appliquer l'article 463 du Code pénal sur les circonstances atténuantes.

L'article 19 s'applique à toute personne, mais c'est évidemment aux agents des chemins de fer qu'il est le plus souvent appliqué.

En ce qui les concerne, d'ailleurs, le législateur a failli se montrer plus sévère encore ; lors de la discussion de la loi de 1845 on avait, en effet, proposé d'aggraver la peine quand l'auteur de l'accident serait un agent de chemin de fer et de punir, dans ce cas, tout manquement ayant entraîné accident, même lorsqu'il n'en serait résulté aucun dommage pour les personnes.

Il faut, pour que l'article 19 soit applicable, que la faute soit nettement établie. Sur ce point les déclarations de fait des tribunaux sont souveraines, mais la Cour de cassation a le pouvoir d'apprécier si les faits matériellement constatés ont le caractère constitutif de la faute d'imprudence, maladresse, etc., visée par l'article 19.

SECTION II. — Pénalités encourues au cas de contraventions aux décrets et ordonnances.

L'article 21 de la loi du 15 juillet 1845 et l'article 79

de l'ordonnance de 1846 punissent d'une amende de 16 à 3,000 fr. toute contravention aux ordonnances ou décrets portant règlement d'administration publique sur la police, la sûreté et l'exploitation des chemins de fer, ainsi qu'aux décisions ministérielles et aux arrêtés préfectoraux pris pour leur exécution.

En cas de récidive la peine est portée au double et le tribunal peut prononcer un emprisonnement de trois jours à un mois.

Cette disposition, comme la précédente, s'applique à toute personne, mais ici encore c'est aux agents de chemins de fer qu'en sera faite l'application la plus fréquente.

SECTION III. — PÉNALITÉS ENCOURUES AU CAS D'ABANDON DE LEUR POSTE PAR CERTAINS AGENTS.

Il s'agit ici des mécaniciens et conducteurs garde-frein. L'article 20 de la loi du 15 juillet 1845 punit, en ce qui les concerne, l'abandon de leur poste pendant la marche du convoi, d'un emprisonnement de 6 mois à 2 ans.

On a voulu, cela résulte des débats parlementaires, donner par là une sanction pénale au devoir rigoureux qu'ont les mécaniciens et conducteurs, comptables de la vie des voyageurs, de ne pas abandonner leur poste même et surtout en cas de danger.

En fait, les exemples sont nombreux de mécaniciens trouvant la mort sur leur machine en cherchant jus-qu'au dernier moment à conjurer un accident.

D'ailleurs, il a été jugé, et à bon droit, que l'article 20 de la loi de 1845 n'était pas applicable lorsque le mécanicien ou conducteur ayant pris toutes les mesures possibles pour empêcher ou atténuer l'accident, sautait au dernier moment de sa machine ou de son fourgon (Cass., 27 juin 1876, S., 77, I, 79).

SECTION IV. — PÉNALITÉS ENCOURUES AU CAS DE VOL, FRAUDES OU INFIDÉLITÉS.

Les vols commis par les agents dans l'exercice de leurs fonctions tombent sous le coup de l'article 386 § 3 du Code pénal.

Les agents, en effet, doivent, à ce point de vue, être considérés comme des hommes de service à gages; la peine dans ce cas est la réclusion (Cf. Grenoble, 4 juillet 1872, D., 73, II, 68). Il en est de même pour l'abus de confiance.

Il faut noter, toutefois, que lorsque les faits ne présentent pas une gravité spéciale, l'usage presque constant des parquets est de correctionnaliser les poursuites. L'inculpé est alors traité comme un délinquant ordinaire et n'est passible que de l'emprisonnement.

Les faux commis par les agents sur les livres et registres créés pour le service privé du chemin de fer, ont le caractère de faux en écriture de commerce (Cass., 20 avril 1855, D, 55, V, 228) et sont par suite punissables des travaux forcés à temps aux termes de l'article 147 du Code pénal.

SECTION V. — PÉNALITÉS ENCOURUES PAR LES AGENTS POUR INFRACTIONS AUX LOIS FISCALES.

Les agents des Compagnies sont exposés à des poursuites pour infractions aux lois et règlements concernant les contributions directes, les douanes et les octrois en ce qui concerne les marchandises que les Compagnies transportent.

Ces infractions ayant le caractère de contraventions, l'intention frauduleuse n'est pas nécessaire pour que la peine soit appliquée ; la bonne foi ne peut être invoquée comme excuse.

Le plus souvent l'infraction est imputable aux expéditeurs ; dans ce cas, la loi du 21 juin 1873 (en matières de contributions indirectes) et celle du 22 août 1791 (pour les douanes) permettent aux Compagnies et à leurs agents d'échapper à la responsabilité par une désignation exacte et régulière de leurs commettants.

En matière d'octrois la même facilité n'existe pas.

Les agents peuvent encore être poursuivis pour infractions aux lois sur le monopole des postes et sur le transport du gibier en temps prohibé.

Dans le premier cas il y aura contravention.

Dans le second cas il y a délit aux termes de la loi ; mais la Cour de cassation a jugé à diverses reprises que ces infractions participaient au caractère des contraventions de police ; par suite, dans les deux cas, la bonne foi de l'agent n'est pas une excuse.

Ces diverses poursuites entraînent des condamnations à l'amende et quelquefois à l'emprisonnement.

CHAPITRE II

Responsabilité des Compagnies quant aux accidents dont les agents sont victimes dans leur travail.

Nous aurons à examiner d'abord le régime résultant de l'application, à la matière, des articles 1382 à 1384 du Code civil, suivant lequel la base de l'action en réparation du dommage causé par l'accident ne peut résider que dans la faute du patron ou de ses préposés.

Ensuite, nous exposerons le système de la responsabilité contractuelle qui cherche, au contraire, la base de l'action dans le contrat passé entre le patron et l'ouvrier.

Enfin, nous analyserons les dispositions de la loi du 9 avril 1898 qui applique, aux accidents du travail, le système du risque professionnel et nous montrerons les conséquences de ce régime nouveau en ce qui concerne le personnel des chemins de fer.

SECTION PREMIÈRE. — RÉGIME DES ARTICLES 1382 A 1384 DU CODE CIVIL.

Une jurisprudence constante, appuyée jusqu'à ces dernières années par l'unanimité des auteurs, applique au chef d'industrie et notamment à la Compagnie de chemins de fer, dont l'employé est victime d'un accident dans son travail, les règles posées par le Code civil en matière de faute délictuelle (article 1382 et suivants du Code civil).

Les Compagnies de Chemins de fer ne sont pas soumises, à cet égard, à des règles spéciales. Rien dans leur cahier des charges, ni dans les conventions passées entre elles et l'Etat, ne leur crée à ce point de vue des obligations particulières. Les lois relatives au régime général des Chemins de fer n'ont pas dérogé sur ce point au droit commun (Cf. Cass., 25 juillet 1881 : S., 1882, II, 76).

L'agent de chemin de fer victime d'un accident, ou ses ayants-droit, en cas de décès, ne peuvent donc obtenir une indemnité qu'à charge de faire la preuve que l'accident est dû à la faute de la Compagnie (1382), à sa négligence ou à son imprudence (1383) ; à la faute, imprudence ou négligence de ses subordonnés (1384).

Lorsque la responsabilité de la Compagnie est établie dans ces conditions, la victime ou ses ayants-droit obtiennent la réparation intégrale du préjudice causé.

La faute personnelle de l'agent ne décharge pas la Compagnie de cette responsabilité, qui est seulement atténuée dans une mesure que le juge apprécie. La Compagnie ne peut d'ailleurs se décharger à l'avance de sa responsabilité par une convention, car on peut transiger à l'avance sur les conséquences de son délit.

Ce régime qui a reçu, en doctrine, le nom de système de la responsabilité délictuelle, par opposition au système nouveau de la responsabilité contractuelle, a, jusqu'à l'heure présente, régi les litiges soulevés à l'occasion des accidents dont les agents de chemins de fer sont victimes ; il reste applicable à tous les accidents jusqu'à ce que la loi du 9 avril 1898 entre en vigueur ; il sera applicable même alors à tous les accidents survenus antérieurement pour lesquels l'action ne se prescrit que par 30 ans.

Les critiques qui lui ont été adressées sont spécialement fondées en ce qui regarde le monde des chemins de fer : D'abord, l'agent supporte ainsi toutes les conséquences de sa propre faute, et si l'on songe à la présence d'esprit, à l'attention constante, à la dextérité dont les agents de chemins de fer doivent faire preuve à tout moment dans le service des gares et des trains, il est facile de se rendre compte que ces fautes, ces imprudences sont inévitables, parce qu'en dépit de tous les règlements, l'habitude du danger finit par rendre insouciant et que le zèle même des agents les porte à s'exposer.

En second lieu, ce système met à la charge de l'agent toutes les conséquences des cas fortuits de plus en plus nombreux à mesure que se développent le nombre et la vitesse des trains.

Enfin, dans le cas même où, en principe, la responsabilité de l'accident incomberait à la Compagnie, il est souvent impossible à la victime, à ses ayants-droit, à la Compagnie elle-même, de savoir comment les choses se sont passées et la réparation prescrite par la loi n'est pas obtenue.

Ajoutons cependant que la rigueur de ce système est tempérée, dans une certaine mesure, par l'application très large qu'en fait la jurisprudence dans l'interprétation des fautes, imprudences ou négligences des Compagnies ou de leurs préposés.

. Aussi, il a été jugé :

Qu'une Compagnie de Chemins de fer commet une faute en confiant les fonctions de garde-ligne de nuit à un employé inexpérimenté et qu'elle est, par suite, responsable de l'accident arrivé à cet employé dans une fausse manœuvre, si d'ailleurs la faute de la Compagnie s'est encore aggravée de l'irrégularité qui s'est produite à l'heure de l'accident dans la marche et le mouvement des trains (Bordeaux, 3 juillet 1878 ; S., 79, II, 4) ;

Qu'une Compagnie de Chemins de fer commet une imprudence en faisant exercer le contrôle des billets pendant la marche des trains, alors que le faible écartement des ouvrages d'art et la marche rapide des trains constituent un péril pour les agents circulant sur les marchepieds et cela, même si l'agent a commis lui-même une imprudence en ne tenant pas compte des prescriptions réglementaires de prudence (Cour de Paris, 18 juillet 1892, *Gaz. des Tribunaux,* 29 octobre 1892) ;

Qu'une Compagnie de Chemins de fer est à bon droit déclarée responsable de la mort d'un garde-chantier alors que, remplissant ces fonctions pour la première fois, il se trouvait sur une voie où, d'après ses instructions, il devait se croire en sûreté et qu'il a été tué par un train qu'il ne pouvait apercevoir. (Cass., 6 mars 1888 ; S., 88, I, 267) ;

Qu'une Compagnie de Chemins de fer est responsable de l'accident survenu à un agent en effectuant une manœuvre prohibée par les règlements, mais qui lui a été ordonnée par un supérieur (Cass., 8 février 1875, D., 75, I, 320) ;

Qu'une Compagnie de Chemins de fer doit être
seule responsable d'un accident survenu sur une de ses
voies à un employé lorsqu'il est établi que cet employé,
qui avait la surveillance de la voie dans son service,
s'est conformé aux instructions qu'il avait reçues de
ses chefs et que l'accident dont il a été victime, en
dehors de toute faute de sa part, provient du retard
d'un train, lequel a eu pour conséquence de produire
un croisement de trains à un endroit différent de celui
qui avait été indiqué à cet employé (Cass., 5 mars
1888, D., 88, I, 359).

De ces décisions et de beaucoup d'autres qu'il serait
facile d'en rapprocher, il est aisé de conclure que les
Tribunaux et les Cours ont fait aux agents victimes
d'accidents l'application la plus libérale du régime de
la responsabilité délictuelle ; il suffit, en effet, de jeter
les yeux sur quelques-uns des arrêts précités pour
constater que souvent de simples cas fortuits, tels que
des retards de trains, sont relevés comme un élément
de faute à la charge de la Compagnie.

Il est plus difficile d'en déduire une règle générale ;
les espèces, en effet, varient à l'infini, et c'est des circonstances de fait seules que le juge peut s'inspirer.

Il est un élément toutefois qui, le plus souvent, pourra
servir de criterium, soit pour écarter toute responsabilité
du chef de la Compagnie, soit pour l'atténuer : c'est
l'inobservation des règlements par la victime.

Les Compagnies, en effet, ont dû édicter, dans
l'intérêt de leur personnel et pour sa sécurité, des
règlements très précis dont l'observation stricte doit
mettre l'agent à l'abri de tout danger.

L'inobservation de ces règlements constitue une

faute grave de la part de la victime et doit suffire à écarter toute responsabilité si, d'autre part, aucune faute n'est relevée à la charge de la Compagnie ; elle peut atténuer la responsabilité si la Compagnie est elle-même en faute.

D'autre part, l'inobservation des règlements par les chefs de l'agent, constitue une faute dont la Compagnie est responsable, et met à sa charge la réparation du dommage causé par l'accident qui en est la conséquence.

Remarquons, toutefois, que ce criterium même n'a rien d'absolu, car il a été jugé qu'une Compagnie était responsable de l'accident survenu à un de ses ouvriers en faisant des efforts pour détourner un péril imminent qui menaçait un convoi de voyageurs, bien que ces efforts constituassent une infraction aux règlements (Lyon, 5 avril 1856, D., 57, II, 86).

SECTION II. — SYSTÈME DE LA RESPONSABILITÉ CONTRACTUELLE.

Ce système, nous l'avons dit, est nouveau en doctrine. La jurisprudence l'a toujours écarté en France. Il a été soutenu avec éclat par MM. Labbé, Glasson, Lyon-Caen, Sainctelette, Marc Sauzet.

Sans entrer dans tous les développements qui ont été apportés à l'appui de cette thèse, nous nous contenterons de la résumer aussi exactement que possible.

L'article 1382 qui règle les rapports des personnes n'ayant pas contracté ensemble est, dit-on, inapplicable lorsqu'il y a contrat et, comme en l'espèce, contrat de louage.

Dans ce cas toute question de faute doit être jugée

d'après les clauses du contrat d'après la volonté des parties.

C'est à l'occasion du contrat et de son exécution que l'accident s'est produit ; or, dans le contrat de louage, c'est au patron qu'incombe l'obligation de veiller à ce que le travail s'accomplisse dans des conditions aussi parfaites que possible, de sécurité et de salubrité, et le salarié n'a qu'à exécuter les ordres qui lui sont donnés. C'est donc au patron à démontrer que l'accident est dû, soit à la faute personnelle de l'agent, soit à un cas fortuit, sinon il est responsable.

On a objecté à ce système qu'il n'avait aucune base dans le Code civil et que rien dans les articles du Code relatifs au louage d'ouvrage n'imposait au patron l'obligation de veiller à la sécurité de ses employés.

Il est facile de répondre que le Code est très bref en ce qui concerne le louage d'ouvrage et que l'obligation, même de payer le salaire, essentielle pourtant au contrat, n'y est mentionnée que dans la définition de l'article 1710.

On apporte de plus des arguments tirés des articles 1135 (la sécurité de l'employé doit être garantie par l'employeur qui y est obligé comme à une suite que l'équité donne à son obligation) ; 1137 (par à *fortiori* de l'obligation de veiller à la conservation de la chose et d'y apporter tous les soins d'un bon père de famille) ; 1733 (par analogie de la responsabilité du locataire en cas d'incendie) ; 1784 (par analogie de la responsabilité du voiturier pour les choses qui lui ont été confiées) ; 1952 (par analogie de la responsabilité de l'aubergiste quant aux effets du logé) ; 2000 (par analogie de l'obligation qui incombe au mandant d'indemniser le mandataire des pertes essuyées dans sa gestion sans imprudence de sa part).

Le plus grand avantage de ce système est de renverser la preuve. Il laisse au salarié la charge de sa propre faute et celle des cas fortuits, mais il le soustrait aux conséquences des fautes commises par le patron ou ses préposés, lorsque la preuve est difficile ou impossible.

Le patron d'ailleurs est mieux armé pour faire la preuve qui lui incombe.

Mais nous n'insistons pas sur cette thèse si séduisante qu'elle soit, car le législateur a dépassé de beaucoup, comme nous allons le voir, la réforme résultant du simple renversement de la preuve.

SECTION III. — LOI DU 9 AVRIL 1898 SUR LA RESPONSABILITÉ DES ACCIDENTS DONT LES OUVRIERS SONT VICTIMES DANS LEUR TRAVAIL.

L'élaboration de cette loi a duré 18 ans. Il serait intéressant d'en suivre la genèse, d'examiner tour à tour les différentes solutions qui ont été proposées, de montrer le principe même sur lequel elle repose, celui du risque professionnel, affirmé tout d'abord à la Chambre, combattu et rejeté au Sénat, s'affirmant de nouveau à la Chambre, s'imposant enfin à la haute Assemblée ; d'étudier et de comparer les différents procédés (assurance par l'Etat, assurance obligatoire, mutualités, garantie de l'Etat), par lesquels on a voulu, d'une part, rendre supportables pour l'industrie les responsabilités que le principe du risque professionnel met à sa charge, d'autre part, garantir les travailleurs contre l'insolvabilité des industriels ; enfin d'établir un rapprochement entre la législation française et les lois étrangères sur les accidents (notamment la législation allemande, autrichienne, suisse).

Il faudrait pour cela de longs développements qui dépasseraient le cadre de cette étude. Nous nous contenterons de résumer les dispositions de la loi de 1898 en insistant surtout sur celles qui présentent un intérêt spécial pour les employés de chemins de fer.

Principe du risque professionnel.

La loi pose d'abord le principe du risque professionnel qu'elle formule en ces termes « Les accidents sur-« venus par le fait du travail ou à l'occasion du travail « aux ouvriers et employés occupés..... dans les en-« treprises de transports..... donnent droit au profit « de la victime, ou de ses représentants, à une indem-« nité à la charge du chef de l'entreprise, à la condition « que l'interruption de travail ait duré plus de quatre « jours » (art. 1er).

Mesurons bien la portée de ce texte : Désormais l'industrie des chemins de fer supportera, en principe, la charge de tous les accidents survenus au personnel, qu'il y ait eu cas forfuit, faute de la Compagnie ou de ses préposés ou faute de la victime.

Il n'est fait exception à ce principe (Art. 20, § I) qu'au cas où la victime aurait intentionnellement provoqué l'accident.

D'ailleurs, pour que le principe s'applique, il ne suffit pas que l'accident ait lieu dans le travail, ce qui est d'évidence, il faut, de plus, qu'il résulte du travail ou survienne à l'occasion du travail.

Le texte dit en effet « par le fait du travail où à
« l'occasion du travail ». Cette rédaction a été, pour
la première fois, soumise au Sénat et adoptée par lui le
1er avril 1889 ; le texte précédemment voté par la
Chambre portait simplement « dans le travail ».
Écartée par la Commission de la Chambre qui lui
substitue les mots « dans le travail et à l'occasion du
travail » (rapport Ricard 1892), elle reparaît au Sénat
en 1896 (rapport Thévenet). Le rapporteur la justifie
et l'explique en ces termes :

Il faut que l'accident ait été la conséquence « directe
« du travail. Nous avons écrit pour préciser notre
« pensée *par le fait du travail ou à l'occasiou du tra-*
« *vail* ». D'autre part, M. Bérenger, président de la
Commission, répondant à M. Buffet (séance du 20 mars
1896) s'exprime ainsi : « Il faut que l'accident soit le
« fait du travail qui donne lieu à l'application du risque
« professionnel ». Quelques exemples feront ressortir
plus clairement que le texte lui-même, ce qui nous
semble découler de ces explications. Ainsi, d'abord,
un garde-barrière est blessé par un cheval emporté
qui l'atteint précisément au moment où il ferme sa
barrière, il est bien dans son travail et cependant la
loi ne sera pas applicable, car l'accident n'est pas le
fait du travail qui donne lieu à l'application du risque
professionnel et, s'il est vrai qu'il s'est produit à l'occasion du travail, il ne rentre pas évidemment dans la
catégorie des risques contre lesquels le législateur a
voulu garantir l'employé.

Même solution au cas où un mécanicien est blessé
par une pierre lancée sur son train.

Mais application au cas de l'homme d'équipe blessé

en accrochant des wagons, à celui du poseur de la voie atteint au moment où il travaille par un train qu'il n'a pas entendu venir, à celui du mécanicien ou du conducteur de train blessé à son poste dans une collision. Dans tous ces cas c'est bien par le fait du travail soumis aux risques que les agents ont été blessés ou tués.

De même, application au cas où un agent des trains tombe de sa machine ou de son fourgon, ce qui est moins le fait du travail que le résultat de l'occasion offerte par le travail.

Il est d'ailleurs assez difficile de distinguer entre les accidents qui sont du « fait » ou de « l'occasion » du travail, mais cette distinction est sans intérêt : il suffit que l'accident soit la conséquence directe du travail soumis au risque.

La loi, on le voit, atteint et soumet à l'application du risque professionnel tous les accidents qui sont propres à la profession d'agent de chemins de fer.

Aussi sur ce terrain, et en ne s'écartant pas des distinctions que nous venons de poser, le personnel des Chemins de fer n'a qu'à se louer du régime nouveau. Désormais si un agent est blessé ou tué, plus de preuve à faire, la Compagnie sera, en principe, toujours responsable ; la victime ou ses ayants-droit toujours assurés d'obtenir une indemnité.

Mais cet avantage considérable est balancé par quelques restrictions importantes.

D'abord, aux termes de l'article 2, la victime ou ses ayants-droit ne peuvent se réclamer à raison de l'accident d'aucune autre disposition que de celle qui leur assure le bénéfice de l'application du risque professionnel. Or, ainsi que nous allons le voir, l'indemnité qui est la sanction de ce risque est fixée à forfait par la loi, largement sans doute, mais sans pouvoir, en général, égaler la réparation intégrale à laquelle donnait droit le système de la responsabilité délictuelle.

En second lieu, l'indemnité forfaitaire consiste, en principe et toujours au moins pour 3/4, dans une rente viagère ou temporaire ; avec le système du Code civil, le tribunal pouvait allouer le tout en capital.

De plus, l'article 2 limite à un salaire de 2,400 fr. le bénéfice de la loi et n'accorde pour le surplus du salaire qu'un quart de l'indemnité forfaitaire, sauf conventions contraires, quant au chiffre de la quotité, expressément déclarées licites.

Le législateur, en imposant à l'industrie la charge du risque professionnel, a voulu rendre cette charge supportable et, pour cela, il a déterminé, suivant l'importance du dommage et les détresses à secourir, une échelle d'indemnités. C'est, on l'a dit souvent, un forfait. Dans le système du Code civil et dans celui de la responsabilité contractuelle, la victime n'est pas assurée d'obtenir une indemnité, mais, si elle l'obtient, la réparation est égale au préjudice causé. La loi de 1898 qui accorde l'indemnité dans tous les cas en restreint le chiffre par compensation.

Indemnité forfaitaire ; sa nature ; tarifs (art. 3).

Cette indemnité consiste, en principe, dans des rentes viagères ou temporaires calculées comme suit :

A. Si la victime a survécu :

Au cas d'incapacité absolue et permanente de travail : rente viagère des 2/3 du salaire annuel ;

Au cas d'incapacité partielle et permanente ; rente viagère égale à la moitié de la réduction que l'accident fait subir au salaire ;

Au cas d'incapacité temporaire : 1/2 du salaire journalier à partir du 5e jour.

B. Si l'accident a été suivi de mort :

Pour le conjoint survivant marié avant l'accident, ni divorcé, ni séparé de corps ; rente viagère de 20 °/₀ du salaire annuel (60 °/₀ une fois donnés s'il se remarie) ;

Pour les enfants légitimes ou naturels reconnus avant l'accident, mineurs de 16 ans une rente temporaire de :

15 °/₀ du salaire pour un enfant ; 25 °/₀ pour deux enfants ; 35 °/₀ pour trois enfants ; 40 °/₀ pour quatre enfants et au-dessus, si les enfants ont encore un ascendant (père ou mère) ; de 20 °/₀ par enfant avec maximum de 60 °/₀, si les enfants sont orphelins de père et mère.

Pour les ascendants ou descendants mineurs de 16 ans, à la charge de la victime, lorsqu'il n'y a ni conjoint, ni enfants, rente viagère ou temporaire de 10 °/₀ par tête, 30 °/₀ au maximum.

Ces rentes sont toutes payables par trimestre incessibles et insaisissables.

Inconvénients du système.

Au premier abord, dans ce système du forfait légal, un seul point paraît comporter des difficultés. Comment se calculera la réduction subie par le salaire en cas d'incapacité partielle permanente ? N'est-il pas probable qu'il y aura toujours désaccord entre les parties sur la réduction du salaire et, par suite, nécessité de procès, ce qu'on voulait surtout éviter en établissant une échelle d'indemnités : voici, par exemple, un agent amputé du bras droit : il devient absolument impropre au service des chemins de fer ; le nombre d'emplois où peuvent être utilisés les mutilés est, en effet, fort restreint. Prendra-t-on pour base la différence entre le salaire qu'il touchait à la Compagnie et celui qu'il trouvera ailleurs ? Mais, s'il ne trouve rien ? et il aura intérêt à ne rien trouver tant que son indemnité ne sera pas définitivement réglée. Le chiffre de la pension variera-t-il avec les salaires successifs qu'il trouvera, pendant les trois ans où la révision de l'indemnité est possible ? Mais alors, ce pourra être la révision continue.

Supposons, à l'inverse, qu'un agent atteint d'incapacité partielle permanente soit maintenu au service avec un traitement dépassant sa capacité de travail et cela pour diminuer d'autant la réduction subie et par suite l'indemnité. Qui garantira à cet agent qu'il gardera son traitement quand le chiffre de l'indemnité seule obligatoire sera devenu définitif ? Il y a là, pour les parties, source de procès et tentation de fraude ; pour les tribunaux, matière à jugements absolument empiriques.

Nous n'indiquons que pour mémoire le reproche qu'on a fait à la loi sur ce point de favoriser le célibat et le malthusisme ; il n'est pas supposable, en effet, que les Compagnies de chemins de fer qui ont eu le souci d'améliorer, par des secours spéciaux, la situation des agents chargés de famille, songent à favoriser le recrutement des célibataires. Notons, cependant, que la Chambre actuelle est saisie d'une proposition de M. Mirman qui tend à faire disparaître cet inconvénient en chargeant la Caisse de la vieillesse, moyennant une prime fixe à la charge du patron, d'assurer aux ayants-droit, lorsque l'accident a été suivi de mort, les indemnités fixées par l'article 3 ; une autre proposition de M. Dubuisson met à la charge de cette caisse les rentes dues aux enfants seulement.

Le surplus des dispositions est fort simple et paraît de nature à couper court à toute contestation, soit au cas de décès, soit au cas d'incapacité absolue de travail. Malheureusement le législateur ne s'en est pas tenu au principe qu'il avait posé, il a voulu tempérer ce que le risque professionnel offrait de trop absolu pour certains esprits, et par suite des dispositions que nous allons résumer, il a rouvert toute grande la porte aux procès.

Dérogations apportées au principe de l'indemnité forfaitaire.

L'article 21 porte en effet que la rente forfaitaire pourra être diminuée par le tribunal s'il y a eu « faute inexcusable » de l'ouvrier, et majorée s'il y a eu « faute inexcusable » du patron ou de son représentant sans que, dans ce dernier cas, la rente allouée à la victime ou le total des rentes des ayants-droit, puisse excéder le salaire annuel ou la réduction qu'il a subie.

Ces dispositions nous semblent fâcheuses à tous les points de vue.

D'abord, ainsi que nous venons de le dire, c'est le procès obligatoire, le plus souvent, car la victime ou ses représentants voudront faire majorer l'indemnité, et le patron de son côté voudra la faire réduire.

Ensuite, il nous semble que le principe même du risque professionnel se trouve considérablement atteint, car, au moins en ce qui concerne le personnel des Chemins de fer, ne pourra-t-on pas soutenir qu'il y a faute inexcusable toutes les fois que l'agent aura violé les règlements édictés pour sa sauvegarde ?

Et, d'autre part, les Compagnies auxquelles la loi a imposé, comme à toutes les industries dangereuses, la lourde charge du risque professionnel ne sont-elles pas exposées à perdre, le plus souvent, la seule compensation résultant pour elles du système nouveau, la fixation à forfait de l'indemnité lorsque l'accident provient de leur faute ou de celle de leurs préposés ?

La portée de la loi, les effets bienfaisants qu'on attend de la réforme, tout se trouve subordonné à l'interprétation qui sera donnée par les tribunaux à l'adjectif « inexcusable ».

Si, comme nous le craignons, le mot doit être pris dans son sens courant, le système du risque professionnel ne semble pas devoir dépasser de beaucoup les effets du système de la responsabilité contractuelle, au cas de faute imputable à l'une ou l'autre des parties : Il y a déplacement de la preuve, la Compagnie, si sa faute est alléguée, devra prouver qu'elle a pris toutes les précautions nécessaires pour protéger son agent, sans quoi elle sera véritablement inexcusable et devra, non plus l'indemnité forfaitaire du risque professionnel, mais une indemnité qui peut être égale au préjudice causé. Si elle allègue la faute de l'agent et fait admettre que cette faute a été inexcusable, elle ne paiera qu'une indemnité fort réduite, la loi n'ayant pas fixé de minimum. Mais les cas fortuits restent à sa charge, et c'est encore une différence capitale entre les deux systèmes.

Action de droit commun contre les tiers. — Conséquences au point de vue de l'indemnité forfaitaire.

Aux termes de l'article 7, la victime ou ses ayants-droit conservent, contre l'auteur de l'accident autre que le patron ou ses employés, l'action de droit commun et le patron peut, à leur défaut, exercer cette action en leur lieu et place.

Nous croyons même, bien que la loi ne le dise pas, que le patron serait autorisé à intervenir au procès intenté à l'auteur de l'accident par la victime ou ses ayants-droit ; les raisons sont en effet les mêmes.

L'indemnité obtenue doit, le cas échéant, venir en déduction de l'indemnité forfaitaire. Mais une question se pose : Si le tribunal alloue un capital, comment procèdera-t-on ? La loi ne le dit pas, mais il nous semble qu'elle renferme au moins une indication utile à ce sujet. Nous verrons plus loin, en effet, que le patron débiteur d'une rente viagère peut toujours se libérer, en capital, en versant à la Caisse de la vieillesse, suivant les tarifs de cette Caisse, la somme nécessaire pour produire la rente dont il est débiteur. On pourra procéder, par analogie, dans le cas de l'article 7 et réduire la rente, à payer par le patron, dans la proportion de la rente que le capital payé par le tiers eût permis de constituer.

Autre question : Si le tiers est insolvable, qui en supportera la conséquence ? Le patron ou la victime ? En d'autres termes, faut-il entendre que la rente forfaitaire sera réduite proportionnellement à l'indemnité « allouée » comme le dit expressément l'article 7, ou à l'indemnité payée ? Il y a de fortes raisons d'hésiter. D'une part, en effet, le législateur, en faisant de l'État comme nous le verrons plus loin, le garant de l'insolvabilité du patron, de l'assureur ou du syndicat débiteur, semble bien avoir voulu que le payement de l'indemnité forfaitaire fût en tous cas assuré.

Mais, d'autre part, il est non moins certain que le texte de l'article 7 dégage le patron de son obligation dès « l'allocation » de l'indemnité ; certain également qu'il pourrait dès lors se libérer en totalité pour l'avenir, aux termes de l'article 28 en versant à la Caisse Nationale le capital représentatif du surplus de la pension restant à sa charge ; certain enfin que le patron qui s'est assuré ne supporte pas la charge de l'insolvabilité de son assureur (article 26, § 2).

D'ailleurs, et c'est là ce qui doit déterminer la solution, en l'absence d'un texte formel, il est impossible d'imposer cette charge au patron.

C'est donc, en définitive et malgré l'esprit général de la loi, la victime ou ses ayants-droit qui seront lésés.

C'est une lacune regrettable et facile à combler ; l'État qui, ainsi que nous le verrons plus loin, est garant du paiement de l'indemnité forfaitaire, devrait, pour les mêmes raisons, être déclaré garant du paiement de la rente due par le tiers et qui entre dans la composition du forfait légal.

Modification de l'indemnité forfaitaire.

L'indemnité forfaitaire peut être revisée pendant trois ans courant de l'accord intervenu ou de la décision, définitive pour atténuation ou aggravation de l'infirmité de la victime ou par suite de son décès causé par l'accident (article 19) ; 2° les parties peuvent, d'un commun accord, lorsque l'indemnité forfaitaire a été fixée, soit judiciairement, soit d'accord, suspendre le service de la pension et le remplacer *tant que l'accord subsiste* par tout autre mode de réparation (art. 21) ; ainsi, on peut supposer qu'un agent blessé dans des conditions entraînant incapacité permanente soit maintenu en service sous la condition que son traitement et les avantages accessoires tiendront lieu de pension tant que durera le contrat de louage passé entre la Compagnie et lui, mais cette situation peut toujours cesser à son gré et une convention par laquelle il s'engagerait à ne pas réclamer d'indemnité moyennant son maintien en service serait nulle de plein droit, car l'article 21 dit expressément qu'il faut que l'accord subsiste, ce qui est d'ailleurs l'application à la matière du principe posé par l'article 30 qui déclare nulle toute convention contraire à la loi.

Du paiement de l'indemnité en capital.

Le législateur n'a pas voulu, dans l'intérêt de la victime ou des ayants-droit, que l'indemnité fût payable en capital (art. 28, § 1) ; on a pensé, avec raison, que ce capital serait souvent trop vite dissipé et que le but social de la loi ne serait pas atteint.

Mais, d'une part, l'article 9 permet à la victime de demander, au bout de trois ans, lors du règlement définitif de l'indemnité, que le 1/4 du capital représentatif de sa pension, suivant les tarifs de la Caisse de la vieillesse lui soit versé; le tribunal en chambre du conseil statue sur cette demande au mieux de ses intérêts.

D'autre part, l'article 21, § 2, prévoit la possibilité de substituer, d'un commun accord, le paiement d'un capital à la pension d'indemnité lorsque celle-ci n'excède pas 100 francs.

En troisième lieu, le débiteur peut, s'il lui plaît, se libérer en une fois, en versant à la Caisse nationale des retraites, selon ses tarifs, le capital représentatif de la pension (art. 28, § 2).

Enfin (et ceci présente pour l'avenir un grand intérêts, au point de vue des agents de chemins de fer), au cas de cessation d'industrie, par conséquent à l'expiration des concessions ou en cas de rachat par l'Etat, le capital représentatif des pensions sera exigible de plein droit et devra être versé à la Caisse nationale des retraites (art. 28, § 3), à moins qu'il ne soit fourni des garanties que déterminera un règlement d'administration publique (art. 28, § 4).

Le règlement d'Administration publique prévu par l'article 28 a été publié à l'*Officiel* du 1er mars 1899. En vertu de ce décret, le Chef d'industrie peut être exonéré du versement en capital à la Caisse nationale des Retraites en usant d'un des cinq moyens suivants :

1° Versement du capital à une des Sociétés d'assurance mutuelle ou à prime fixe réglementées par un des règlements d'Administration publique rendus en application de la loi ;

2° Immatriculation, au nom du titulaire de la pension, d'un titre de rente en usufruit dont le montant doit égaler au moins le chiffre de la pension ;

3° Dépôt à la Caisse des Dépôts de valeurs d'Etat ou garanties par l'Etat, d'obligations des départements, des communes, ou des Chambres de Commerce, d'obligations foncières ou communales du Crédit Foncier.

4° Affiliation à un Syndicat de garantie liant solidairement tous ses membres pour le paiement des pensions ;

5° Engagement pris par le concessionnaire (l'Etat au cas de rachat ou d'expiration de la concession) d'acquitter les pensions dues.

Il semble que ce dernier moyen doive faire l'objet d'une entente entre l'Etat et les Compagnies lors de la reprise des réseaux. Ce sera là une des nombreuses et délicates questions à régler dans l'intérêt du personnel. Nous avons vu d'ailleurs plus haut que la même question se posera en ce qui concerne les retraites des agents.

Reversibilité sur le conjoint.

Aux termes de l'art. 9 la victime peut demander qu'il soit constitué sur sa tête une rente viagère reversible pour moitié au plus sur la tête de son conjoint. Dans ce cas la rente viagère sera diminuée de telle façon qu'il ne résulte de la reversibilité aucune augmentation de charges pour le patron (art. 9, § 2).

Salaire sur lequel doit être calculée la pension.

S'il s'agit d'un employé ayant au moins 12 mois de

présence, on prendra pour base, aux termes de l'art. 10, § 1, *la rémunération effective des 12 derniers mois, soit en argent, soit en nature* ;

S'il s'agit d'un employé n'ayant pas 12 mois de présence, le calcul se fera suivant la rémunération moyenne des employés de la même catégorie (art. 10, § 2) ;

S'il s'agit d'un employé âgé de moins de 16 ans ou d'un apprenti, on prendra pour base, au lieu de son salaire (s'il y a avantage), le salaire le plus bas des agents valides de la même catégorie, sans que l'indemnité puisse dépasser son propre salaire (art. 8) ;

Si le travail de l'agent n'était pas continu, s'il s'agit par exemple d'un supplémentaire à la journée, le salaire est calculé tant d'après la rémunération touchée durant l'embauchage que d'après son gain pendant le reste de l'année (art. 10 dernier paragraphe).

Frais médicaux, pharmaceutiques et funéraires.

La Compagnie doit, aux termes de l'article 4, supporter les frais de médecin, de pharmacien et d'enterrement. Le maximum pour les frais funéraires est de 100 fr. Si la victime choisit son médecin et son pharmacien, les honoraires et notes seront fixés par le juge de paix suivant les tarifs du département pour l'assistance médicale gratuite (art. 4).

Les Compagnies qui auraient affilié leurs agents, en prenant à leur charge 1/3 au moins des cotisations, à des Sociétés de secours mutuels, assurant à leurs membres, en cas de blessures, les frais médicaux et pharmaceutiques et une indemnité journalière pendant 30, 60 ou 90 jours, n'auraient pas à supporter ces frais pendant cette période et seraient, en outre, dispensées de verser, pendant le même temps, tout ou partie de l'indemnité temporaire, selon que l'indemnité payée par la Société serait égale ou inférieure à 1/2 du salaire quotidien (art. 6).

Elles peuvent se décharger entièrement de ces frais et indemnités en créant des caisses de secours sur le modèle de celles qui ont été constituées dans les mines en vertu de la loi du 19 juin 1894.

Déclaration des accidents.

Tout accident (survenu dans le travail ou à l'occasion du travail) ayant occasionné une incapacité de travail, doit être déclaré dans les 48 heures au maire de la commune (art. 11) sous peine d'une amende de 10 à 15 fr. (16 à 300 fr. en cas de récidive) (art. 14) pour la Compagnie ou son représentant.

La déclaration doit faire connaître les témoins de l'accident (art. 11) et être accompagnée d'un certificat médical indiquant l'état de la victime, les suites probables de l'accident et l'époque à laquelle il sera possible d'en connaître le résulat (art. 11). La victime ou ses ayants-droit peuvent faire cette déclaration dont il est donné récépissé.

Il convient de noter ici que les prescriptions de la loi nouvelle laissent subsister, en ce qui concerne les chemins de fer, les dispositions antérieures relatives à la déclaration des accidents.

Les Compagnies restent donc tenues, aux termes de l'article 59 de l'ordonnance de 1846, de donner connaissance immédiate des accidents survenus sur le chemin de fer à l'autorité locale et au Commissaire de surveillance administrative, puis au préfet et au directeur du Contrôle du réseau.

De plus, elles doivent, en vertu de circulaires ministérielles, porter immédiatement à la connaissance du Ministre des Travaux publics tous les accidents survenus dans l'enceinte du chemin de fer.

Le Préfet de police à Paris doit recevoir la même communication pour ce qui s'est produit dans l'étendue de son ressort.

Enfin des relevés périodiques des accidents doivent être envoyés aux inspecteurs du travail.

Enquête du juge de paix.

Lorsque, d'après le certificat du médecin, il doit y avoir décès ou incapacité permanente de travail, le juge de paix est saisi et ouvre une enquête contradictoire (art. 12 et 13). Les fonctionnaires du contrôle de l'Etat doivent lui envoyer copie de leurs rapports sur l'accident (art. 13, § 5).

L'enquête doit être close, au plus tard, dans les dix jours ; les parties sont avisées, par lettre recommandée, de la clôture et du dépôt de la minute au Greffe. Elles ont cinq jours pour en prendre connaissance ou expédition, après quoi le dossier est transmis au président du tribunal civil (art. 13 *in fine*).

Compétence, procédure, délais, prescription.

La compétence est ainsi fixée : compétence en dernier ressort du juge de paix du canton de l'accident pour les indemnités d'incapacité temporaire et les frais médicaux, pharmaceutiques et funéraires (art. 15).

Pour les autres indemnités, s'il y a accord entre les parties, l'indemnité est fixée en conséquence, suivant le tarif légal, par le président du tribunal qui doit convoquer à cet effet les parties, dans les cinq jours de la transmission du dossier (art. 16) ; s'il y a désaccord, c'est le tribunal civil qui est compétent. Il juge comme en matière sommaire. Si l'affaire n'est pas en état, l'indemnité temporaire continue à être payée. Le tribunal peut, d'ailleurs, accorder une provision et sa décision est exécutoire nonobstant appel (art. 16).

Pour l'appel qui suit les règles du droit commun, l'article 17 abrège également les lenteurs de la procédure.

L'action en indemnité se prescrit par un an courant de l'accident (art. 18). La demande en revision de l'indemnité est ouverte pendant 3 ans courant, soit de l'ordonnance du Président, soit de la décision définitive (art. 19).

A l'expiration de ce délai de 3 ans : 1° il y a lieu à la délivrance aux intéressés du titre de pension (art. 19) ; 2° la victime peut, comme nous l'avons dit, demander soit une part en capital, soit la reversibilité de la pension pour partie sur sa veuve. Ces demandes sont soumises au tribunal en Chambre du Conseil (art. 9).

Assistance Judiciaire.

Enfin l'article 22 accorde de plein droit à la victime ou à ses ayants-droit, le bénéfice de l'assistance judiciaire et indique les règles à suivre pour cela.

Frais d'actes.

L'article 29 assure aux intéressés la gratuité et la dispense des droits d'enregistrement pour tous procès-verbaux, certificats, actes de notoriété, significations, jugements et tous actes faits ou rendus en vertu de la loi. Un décret, paru à l'*Officiel* du 7 mars 1899, a fixé les émoluments des greffiers de justice de paix et les frais de transport auprès des victimes et d'enquête sur place.

Caractère d'Ordre public de la loi.

L'article 30 dispose que toute convention contraire à la loi sera nulle de plein droit.

Garanties.

Le paiement des indemnités pour frais médicaux, pharmaceutiques et funéraires et pour incapacité de travail temporaire est garanti par un privilège inscrit à l'article 2101 du Code civil avec le n° 6 (art. 23).

Le paiement des indemnités pour incapacité permanente ou mort est assuré, au cas d'insolvabilité du patron débiteur, de son syndicat ou de son assurance, par la Caisse des retraites de la vieillesse, où un fonds de garantie sera constitué par une taxe de 0 fr. 04 additionnelle à la patente des industriels visés par la loi. Cette taxe pourra être majorée ou diminuée chaque année par la loi de finances (art. 24 et 25). La Caisse aura recours contre le patron, le syndicat ou l'assurance pour les sommes ainsi payées (art. 26).

Affichage de la loi.

Aux termes de l'article 31, les Compagnies seront

tenues, sous peine d'une amende de 1 à 15 fr. (16 à 300 fr. en cas de récidive dans la même année), d'afficher « dans chaque atelier » la loi sur les accidents et les règlements d'Administration publique rendus pour son exécution.

Que faut-il entendre par le terme générique « Atelier » ?

Sans nul doute il faut entendre par là les gares, stations et haltes, les dépôts de machines et les ateliers de réparation de matériel. La question est plus délicate en ce qui concerne le personnel d'entretien de la voie dont les chantiers se déplacent constamment. Nous croyons que la loi serait suffisamment observée par l'affichage sur le bâtiment où se trouve le bureau du chef local (chef de district ou de section) ou, si ce bâtiment est trop éloigné du chantier, au point d'attache de l'équipe.

Ajoutons qu'en ce qui concerne les Compagnies, ce sera aux fonctionnaires du contrôle, et non aux inspecteurs du travail, qu'il appartiendra de veiller à l'affichage.

Il en est de même d'ailleurs en ce qui regarde le contrôle de la déclaration des accidents.

Mise en vigueur de la loi.

L'article 33 dispose que la loi entrera en vigueur trois mois après les publications des règlements d'administration publique rendus pour son exécution.

Ces décrets ont paru à *l'Officiel* du 1er mars 1899. La loi entre donc en vigueur le 1er juin 1899.

Nous avons résumé plus haut un des décrets publiés

à *l'Officiel* du 1er mars, celui qui détermine les garanties à fournir par le patron cessant son industrie qui veut s'exonérer du versement en capital à la Caisse de la vieillesse.

Les deux autres décrets n'intéressent pas le personnel des chemins de fer.

Le premier est relatif au fonctionnement de la Caisse de la vieillesse comme caisse de garantie du paiement des indemnités ;

Le deuxième règlemente : d'une part, les Compagnies d'assurances contre les accidents ; d'autre part, les Syndicats de garantie entre ouvriers assurés et patrons.

Une série de décrets parus à l'*Officiel* du 2 avril a déterminé : 1° le cautionnement à constituer par les Sociétés d'assurance contre les accidents ; 2° le groupement des professions visées par la loi, au point de vue de la réduction de moitié du cautionnement pour les Compagnies d'assurances qui n'assurent que des ouvriers appartenant à un seul groupe (le neuvième groupe est constitué par les entreprises de transports par terre et par eau, les entreprises de chargement et de déchargement) ; 3° la prime qui, dans le cas visé ci-dessus, doit servir de base minima au cautionnement (cette prime en ce qui concerne les chemins de fer est de 4,21, elle est de 2,93 pour le personnel) ; 4° le barême minimum pour la vérification des réserves mathématiques des Sociétés d'assurances.

Nous n'indiquons ces textes que pour mémoire, les Compagnies de chemins de fer devant, selon toute vraisemblance, être leur propre assureur en matière d'accidents comme en matière d'incendies.

TROISIÈME PARTIE

SECTION I. — Droits de l'État sur le personnel des chemins
de fer.

Le décret-loi du 27 mars 1852, donne à l'administration un droit de surveillance sur le personnel actif
et pose comme sanction le droit d'exiger la révocation
de tel ou tel agent du service actif, la Compagnie
entendue.

Deux questions se posent : A quels agents s'applique ce décret, quelle est sa portée ?

Et d'abord, que faut-il entendre par personnel actif?

Le mot actif exclut, cela est d'évidence, toute application du décret de 1852 aux agents de l'administration centrale, puis aux agents de bureaux et d'études
des différents services, enfin au personnel des ateliers.

En dehors de ces exceptions, le décret est applicable depuis le plus modeste emploi, jusqu'au plus
élevé ; en un mot, à tous ceux qui sont en rapport
avec le public et aux chefs qui les dirigent et en sont
responsables (en ce sens : Picard, *Traité des Chemins
de fer*, Lamé-Fleury, *Code annoté*).

En second lieu, qu'elle est la portée du décret de
1852 ? Ce décret, sa date seule l'indique, a été évidemment inspiré par des considérations politiques.
Mais il est juste de reconnaître que l'État ne pouvait

se désintéresser absolument du personnel d'administrations qui exploitent un des plus grands services publics. Rien ne limite le pouvoir conféré à l'Administration supérieure ; elle a un droit de surveillance, elle peut exiger la révocation. Les Compagnies sont seulement admises à présenter des observations si la révocation leur paraît imméritée. Il suit de là que l'Etat est armé pour signaler aux Compagnies les fautes professionnelles commises par les agents et pour en exiger la répression par voie disciplinaire. Il peut de même, et c'est là surtout ce qu'on a voulu, signaler, faire punir, déplacer ou révoquer les agents dont l'attitude à l'égard du gouvernement ou de ses représentants serait jugée blâmable.

En fait, le décret de 1852 n'a été que très rarement appliqué. Picard, *Traité des Chemins de fer,* cite le cas d'un chef de gare qui avait violemment expulsé un magistrat d'une gare où il avait le droit de pénétrer. On peut citer également une circulaire ministérielle du 9 juillet 1877 ayant pour but d'empêcher le personnel des Compagnies de se compromettre dans les luttes électorales amenées par la dissolution de la Chambre des députés. Une proposition de loi, tendant à l'abrogation du décret de 1852, a été déposée le 30 novembre 1877 à la Chambre des députés, par M. de la Porte ; aucune suite ne lui a été donnée.

D'autre part, l'Etat tient de la législation spéciale aux chemins de fer, le droit de déterminer le nombre de certaines catégories d'agents : gardiens préposés à la surveillance et à la manœuvre des aiguilles (art. 3 de l'ordonnance du 15 novembre 1846) ; conducteurs, garde-freins (art. 18 de la même ordonnance) ; agents chargés de l'entretien et de la surveillance de la voie, de la libre circulation des trains, de la transmission des signaux (art. 31 de l'ordonnance).

L'Etat tire d'ailleurs de l'article 9 de la loi du 11 juin 1842, des articles 60 et 69 de l'ordonnance de 1846 et du cahier des charges des Compagnies, les pouvoirs les plus étendus de contrôle et d'intervention en ce qui concerne le service et l'exploitation des chemins de fer.

SECTION II. — CARACTÈRE JURIDIQUE DES AGENTS DANS LEURS RAPPORTS AVEC L'ÉTAT.

En principe, et sauf exception, ainsi que nous allons le voir, pour les agents assermentés, les agents des Compagnies nommés par elles sous leur responsabilité ne sont pas des fonctionnaires publics (en ce sens Douai, 13 mai 1853, D., 54, 5, 666. Bordeaux, 17 mars 1858, D., 59, II, 67). Ils ont le caratère de citoyens chargés d'un service de ministère de service public (voir arrêts cités à la section IV ci-après).

Pour les agents du réseau de l'Etat, la question est plus délicate. Ils sont actuellement nommés soit par le Ministre sur proposition du Directeur, soit par le Directeur lui-même, et nous avons vu d'autre part qu'ils sont inadmissibles à poursuivre devant les tribunaux civils la réparation du dommage que leur causerait une révocation abusive. La seule raison de douter est que, lorsqu'on a organisé le réseau de l'Etat, on a calqué son organisation sur celle des Compagnies, on a voulu créer une exploitation d'Etat susceptible d'être rétrocédée sans transformation à une Société privée.

Mais cet argument purement historique a perdu beaucoup de sa valeur. Aujourd'hui, la situation du réseau de l'Etat s'est consolidée et un projet de loi est actuellement soumis au Parlement pour lui donner son organisation définitive.

SECTION III. — ASSERMENTATION DE CERTAINS AGENTS.

Les Compagnies doivent, aux termes de la loi du 15 juillet 1845 (art. 23), présenter à l'agrément de l'Administration les agents chargés de constater les crimes, délits et contraventions commis contre la conservation du chemin de fer et la sûreté de la circulation.

L'article 64 du cahier des charges prévoit, en outre, les agents chargés de la perception des droits.

Les uns et les autres doivent être présentés à l'agrément des préfets qui leur délivrent une commission, et prêter serment devant le tribunal de première instance. Ils acquièrent ainsi le pouvoir de verbaliser sur tout le réseau auquel ils sont attachés. Leurs procès-verbaux font foi jusqu'à preuve contraire.

Ils sont assimilés aux gardes-champêtres, et ont par conséquent le caractère d'officiers de police judiciaire, d'agents de l'autorité publique, de fonctionnaires publics en un mot (en ce sens, Paris, 17 février 1855, D., 55, II, 283 ; Grenoble, 7 novembre 1862, D., 63, II, 66).

Il résulte de cette qualité :

1° Qu'ils doivent être inscrits sur les listes électorales sans conditions de résidence, à la différence des autres agents pour lesquels la question a été tranchée dans le sens de la négative ;

2° Qu'ils sont justiciables de la Cour d'appel pour les délits qu'ils commettent dans l'exercice des fonctions pour lesquelles ils sont assermentés, et jugés sans appel par cette cour (Metz, 4 juin 1855, D., 55, II, 326).

SECTION IV. — PROTECTION ACCORDÉE AUX AGENTS DE CHEMINS DE FER DANS L'EXERCICE DE LEURS FONCTIONS.

Au cas de résistance, les agents peuvent requérir l'assistance des agents de la force publique (Art. 68 de l'Ordonnance du 15 novembre 1846).

Au cas d'attaque ou de résistance avec violences et voies de fait, les délinquants sont passibles des peines appliquées à la rébellion par les articles 209 et suivants du Code pénal (article 25 de la loi du 15 juillet 1845).

Au cas d'outrages par paroles et injures, la jurisprudence a longtemps distingué selon qu'il s'agissait d'agents assermentés ou non :

Dans le premier cas, elle appliquait l'article 224 du Code pénal ou la loi du 17 mai 1819 au cas où l'injure avait été publique, la poursuite avait lieu d'office.

Dans le second cas, elle appliquait l'article 471, § 11 du Code pénal, lequel n'entraîne que les peines de simple police, et il était nécessaire que l'agent ou la Compagnie prissent l'initiative des poursuites et fissent l'avance des frais. Mais des arrêts récents ont modifié cette jurisprudence.

Le premier en date est un arrêt de la Chambre correctionnelle de la Cour de Poitiers, du 9 juillet 1897, puis vient un arrêt de la Cour de Paris (18 décembre

1897), enfin un arrêt de la Cour de Rouen (1er avril 1898).

Ces trois arrêts ont déclaré que les agents de chemins de fer, même non assermentés, sont des citoyens chargés d'un ministère de service public et que les outrages qui leur sont adressés dans l'exercice ou à l'occasion de l'exercice de leurs fonctions, relèvent de l'article 224 du Code pénal.

Au cas de diffamation par voie de presse ou d'affichage contre les agents de chemins de fer, c'est l'article 31 de la loi de 1881 sur la presse qui est applicable aux délinquants sans qu'il y ait lieu de distinguer si les agents sont ou non assermentés; dans le premier cas, en effet, ils sont « agents de l'autorité publique », dans le deuxième, ils sont, ainsi qu'on vient de le voir, « citoyens chargés d'un service public ». Il suit de là qu'aux termes de l'article 35 de la même loi, la vérité du fait diffamatoire peut être établie contre eux. Ajoutons pour mémoire, qu'aux termes de l'article 73 de l'Ordonnance de 1846, les agents assermentés peuvent être armés d'un sabre. Une circulaire ministérielle du 23 septembre 1858 a tranché négativement la question de distribution d'armes à feu.

SECTION V. — Situation des agents de chemins de fer au point de vue militaire.

La loi du 15 juillet 1889 sur le recrutement de l'armée (article 51, tableaux A et B) fait au personnel des chemins de fer une situation spéciale au point de vue des obligations militaires.

Dans sa grande majorité, ce personnel, lorsqu'il a,

bien entendu, satisfait à la loi militaire en ce qui concerne l'armée active, est dans la situation de non disponibilité.

Nous exposerons en quoi consiste la non disponibilité, nous verrons ensuite quels agents parmi les non-disponibles font l'objet d'une affection spéciale.

Enfin, nous indiquerons les agents qui, par exception, restent soumis au droit commun.

La non disponibilité est définie par l'article 51 de la loi du 15 juillet 1889 et réglementée par la note ministérielle du 20 mars 1891.

En temps de paix, les non disponibles sont affranchis de toute obligation militaire, ils sont dispensés des exercices et appels, ils ne sont pas tenus aux déclarations de changement de résidence ou de domicile.

En cas de mobilisation, les non disponibles passent sous les ordres du Ministre de la Guerre, ils sont considérés comme mobilisés et soumis aux lois militaires, mais ils restent à leur poste pour y attendre les ordres de l'autorité militaire, qui leur sont transmis par leurs chefs du service.

Les livrets militaires des agents non disponibles leur sont retirés et sont centralisés à la direction de chaque Compagnie. Les agents reçoivent en échange un certificat de non disponibilité établi par le bureau central du recrutement de la Seine. Ce certificat, dont ils ne doivent se dessaisir en aucun cas, doit, lorsque l'agent quitte la Compagnie, être remis dans les quatre jours au commandant de la brigade de gendarmerie de sa résidence, sous peine de punitions disciplinaires.

Les contrôles des non disponibles sont tenus en double exemplaire, l'un est déposé à la direction de chaque Compagnie, l'autre au bureau central du recrutement de la Seine qui administre les non disponibles.

Les agents ne peuvent être inscrits sur les contrôles de la non disponibilité tant qu'ils ne comptent pas six mois de présence. Ils en sont rayés, lorsque leur classe est libérée du service militaire.

Ainsi qu'on le voit, ce régime comporte affranchissement, pour la majeure partie du personnel des chemins de fer, des charges qui pèsent lourdement sur l'ensemble des citoyens. Mais il ne faut pas oublier que, par contre, en vertu de l'art. 29 de la loi du 3 juillet 1877 sur les réquisitions, les agents de chemins de fer peuvent être requis par l'autorité militaire jusqu'à la retraite, à un âge où depuis longtemps les autres citoyens ont cessé d'appartenir à la réserve de l'armée territoriale.

Nous avons dit que, parmi les non disponibles, certains agents recevaient une affectation spéciale. C'est, en effet. parmi eux que se recrute le personnel des sections de chemins de fer de campagne. Ces sections sont au nombre de neuf : deux pour la Compagnie de Lyon, une pour chacun des six autres réseaux, la neuvième est fournie par l'Est, l'Ouest et le Nord. chaque Compagnie formant le personnel d'un des trois services. Le nombre des sections peut être augmenté en temps de guerre.

Leur rôle est d'assurer, concurremment avec les sapeurs de chemins de fer, les transports militaires à effectuer au-delà de la base d'opérations et des stations où cesse l'action des Compagnies, et d'entretenir ou d'établir, s'il est besoin, les voies nécessaires à cet effet.

En cas de mobilisation, elles sont placées sous les ordres des généraux commandants en chef des armées. Le personnel est alors soumis à toutes les obligations militaires, il jouit de tous les droits des belligérants et est assujetti aux règles du droit des gens.

L'organisation des sections découle du décret du 5 février 1889, rendu en application de la loi du 28 décembre 1888. Un règlement ministériel du 22 août 1890 en a fixé les détails.

Chaque section forme un corps distinct, ayant une organisation hiérarchique spéciale, sans aucune assimilation avec les grades de l'armée.

Elle comprend, sous l'autorité directe du Commandant de la section, trois divisions (mouvement, traction, voie). Le cadre complet de chaque section comporte un effectif de 1273 agents.

Le recrutement s'opère par les soins de chaque Compagnie parmi les agents non disponibles, exerçant à la Compagnie des fonctions identiques ou analogues à celles qu'ils rempliront dans la section, et appartenant à des classes encore astreintes au service militaire. Dans la pratique, on choisit de préférence les plus jeunes et les célibataires. Des agents ayant dépassé l'âge du service militaire peuvent être admis comme volontaires aux emplois supérieurs; ils doivent dans ce cas contracter un engagement de trois ans.

Les agents des sections jouissent en temps de paix des avantages attachés à la situation de non disponibles, mais ils sont astreints aux convocations qui peuvent être prescrites pour leur section par le Ministre de la Guerre.

Voyons maintenant quels agents restent par exception à la disposition de l'autorité militaire, selon le droit commun, et demeurent par suite assujettis en principe aux obligations de leurs classes respectives.

1° Ce sont d'abord, nous l'avons vu, tous ceux qui ne comptent pas les six mois de présence nécessaires pour être non disponibles ;

2° Les agents qui n'ont fait qu'une année de service militaire, en vertu de l'article 23 de la loi du 15 juillet 1889, tant qu'ils n'ont pas accompli la période d'exercices à laquelle ils sont astreints avant de passer dans la réserve ;

3° Les agents des services du Contentieux et des Titres, jusqu'à leur passage dans l'armée territoriale ;

4° Les agents du service de la construction ;

5° Les garçons de bureau ;

6° Les agents qui sont officiers de la réserve ou de l'armée territoriale, à moins qu'ils n'adressent spontanément leur démission au Ministre de la Guerre ;

7° Les réformés au corps, les exemptés, les ajournés ;

8° Les inscrits maritimes ;

9° Les mécaniciens gradés de la flotte jusqu'à leur passage dans l'armée territoriale. Ceux-ci conservent leurs livrets et restent astreints aux déclarations de changement de résidence et de domicile, mais ils sont dispensés des périodes d'instruction de la réserve.

En temps de guerre ils doivent rejoindre leur port d'affectation dès que l'ordre de mobilisation est publié;

10° Enfin les sapeurs du 5ᵉ régiment du génie détachés sur les réseaux de chemins de fer, et les réservistes de ce régiment jusqu'à leur passage dans l'armée territoriale.

Ici quelques explications sont nécessaires.

Suivant une convention du 18 novembre 1891, passée entre l'Etat et les Compagnies, dans le but d'assurer en cas de mobilisation les effectifs de guerre du 5ᵉ régiment de génie (sapeurs de chemins de fer), un certain nombre de sapeurs de ce régiment présents au corps depuis près d'un an et ayant encore deux ans de service à accomplir, sont détachés dans les Compagnies pour y compléter leur instruction professionnelle.

Le règlement ministériel du 20 novembre 1891 a réglé les détails d'exécution de cette convention.

Les sapeurs détachés sont choisis de préférence parmi les hommes qui ont été avant leur incorporation employés dans les services actifs des chemins de fer.

En effet, les jeunes employés de chemins de fer peuvent, au moment de leur passage sous les drapeaux, demander à être incorporés au 5ᵉ régiment du génie. Ils doivent pour cela présenter au conseil de révision un certificat de leur Compagnie ; le Ministre prononce sur l'admission.

Les sapeurs détachés ne peuvent être affectés à l'Administration centrale. Les deux tiers doivent être occupés à la voie, 1/6 à l'exploitation, 1/6 à la traction. Ils ne doivent dans ces services être employés à aucun travail de bureau.

Dans leurs rapports avec l'autorité militaire, les sapeurs détachés restent soldats, ils gardent leurs livrets militaires et sont astreints aux déclarations de changement de résidence et de domicile. Ils sont soumis à l'autorité militaire, à la disposition de laquelle ils peuvent être remis pour mauvais service, blessures maladie ou inaptitude. Ils ne peuvent contracter mariage que dans des cas exceptionnels et avec l'autorisation du conseil d'administration de leur corps. Ils sont, en cas de maladie, admissibles dans les hôpitaux militaires au même titre que les autres soldats. Leurs demandes de permission, lorsqu'elles dépassent huit jours, sont soumises à l'autorité militaire. S'ils abandonnent leur poste sans autorisation, ils sont signalés à la gendarmerie et dès lors considérés comme absents illégalement et punissables en conséquence.

Enfin, ils sont inspectés chaque année sur place par un capitaine du régiment et doivent faire une période d'instruction de 28 jours, l'année de leur passage dans la réserve.

Dans leurs rapports avec les Compagnies, ils sont employés, peuvent être déplacés suivant les besoins du service, et bénéficient des mêmes avantages que les autres agents, au point de vue de la solde, des droits à la retraite, des faveurs de circulation, etc.

En cas de mobilisation, l'ordre général constitue pour eux un ordre de rappel et ils doivent se diriger le jour même sur leur régiment par les moyens les plus rapides.

Quant aux réservistes du 5e génie, qu'ils aient été ou non durant leur service militaire, détachés sur une Compagnie, ils restent affectés à leur régiment et soumis à des périodes d'instruction.

Les officiers de réserve du 5e régiment se recrutent en principe parmi les agents des Compagnies. Chaque réseau doit en fournir un certain nombre appartenant aux trois branches du service actif : exploitation, traction ou voie.

SECTION VI. — SYNDICATS D'AGENTS DE CHEMINS DE FER.

L'examen, même sommaire du fonctionnement des Syndicats, de leurs droits et de leur action, dépasserait de beaucoup les limites de cette étude.

Nous nous bornerons à étudier les quatre points suivants qui nous paraissent comprendre toutes les difficultés qui peuvent être soulevées à l'occasion des syndicats d'employés de chemins de fer : l'existence de ces syndicats, leur constitution, les rapports des Compagnies avec les syndicats, leurs rapports avec les agents syndiqués.

1ᶜ Existence de Syndicats d'agents de chemins de fer.

On s'est demandé si des syndicats pouvaient légalement se fonder entre des salariés exerçant des métiers aussi différents que les employés des divers services des Compagnies.

L'affirmative nous paraît certaine; sans doute il est impossible d'admettre qu'un mécanicien et un agent des bureaux des gares exercent « la même profession » ou même des « métiers similaires », mais nous croyons que de tels syndicats correspondent bien au 3ᵉ terme de l'énumération de l'article 2 de la loi de 1884 « professions connexes concourant à l'établissement de produits déterminés ». La « connexité » résulte bien en effet du concours de tous les services à l'œuvre commune l' « établissement » des transports qui est le but et le « produit » de l'industrie des chemins de fer.

Mais au point de vue économique et social, n'est-il pas dangereux que de tels syndicats puissent exister ?

Dans l'état actuel de la législation, avec la possibilité pour le syndicat, en raison de l'abrogation de l'article 416 du Code pénal, de préparer, sans violences et sans manœuvres frauduleuses, la grève des transports, il n'est pas douteux que l'existence de ces syndicats constitue un réel danger.

Mais le plus gros intérêt de la question est l'hypothèse de la grève, que nous traitons longuement ci-après.

Si, comme nous le croyons nécessaire, le législateur se décide à interdire la grève des chemins de fer et la préparation même de cette grève, le danger, qui peut exister encore au point de vue de la discipline, nous paraît fort amoindri.

Mais en ce qui concerne les agents du réseau de l'État, l'existence même d'un syndicat, soit spécial à ces agents, soit général, mais les admettant dans son sein, nous paraît très critiquable au point de vue des principes généraux.

N'oublions pas, en effet, que les salaires des agents du réseau de l'État sont déterminés par le Ministre et qu'à différents point de vue (voir ci-dessus) leur situation semble bien celle de fonctionnaires.

La question s'est posée devant la Chambre des députés. Il y a quelques années, M. Jonnart, alors Ministre des Travaux publics, avait affirmé nettement son intention de ne pas connaître comme tels les agents syndiqués du réseau de l'État.

La Chambre a émis un vote contraire à cette théorie et a renversé sur cette question le cabinet Casimir-Périer (Chambre des Députés, séance du 22 mai 1894).

Il est vrai qu'un ordre du jour de la Chambre ne saurait avoir pour effet d'interpréter la loi.

2° Constitution des Syndicats d'agents de chemins de fer.

La seule question à examiner nous paraît la suivante:

Un syndicat d'agents de chemins de fer qui compte dans son sein des membres n'exerçant pas ou n'exerçant plus cette profession est-il constitué légalement ? La négative n'est pas douteuse.

Dans l'état actuel de la législation, les syndiqués doivent « exercer » la profession (article 2 de la loi de 1884). Mais on a fait remarquer d'une manière générale qu'il dépendrait dans ce cas des patrons d'empêcher le fonctionnement des syndicats en renvoyant leurs employés syndiqués et spécialement ceux qui seraient administrateurs de syndicats.

Le Parlement a été saisi de la question par un projet de loi déposé par M. Fallières, garde des sceaux, le 2 juin 1891, à la Chambre.

Ce projet accordait le droit de participation au syndicat, à ceux qui auraient exercé la profession pendant 5 ans et ne l'auraient pas abandonnée depuis plus de 10 ans.

Il a été adopté par la cinquième législature de la Chambre, mais il a échoué au Sénat.

La question a été reprise dans la sixième législature de la Chambre, sur une proposition de M. Sembat (20 janvier 1894). Cette proposition a fait l'objet d'un rapport de M. A. Lebon (3 mars 1894) ;

Le texte soumis à la Chambre au nom de la Commission du travail distinguait entre le droit d'entrer au syndicat lorsqu'on n'exerce plus la profession, qu'il soumettait aux mêmes conditions que le projet Fallières, et celui de rester dans le syndicat qu'il déclarait illimité.

La première délibération a eu lieu les 12, 14 et 18 juin 1894.

Dans la séance du 14 juin, la Chambre a adopté un amendement de M. Guillemin, appuyé par le Président du Conseil, M. Dupuy, et combattu par la Commission, aux termes duquel le maintien au syndicat de celui qui n'exerce plus la profession n'aurait été possible qu'au cas où il n'en exercerait pas une autre.

Mais, le 18 juin, la Chambre revenait sur ce vote par les votes suivants : fixation à 3 ans du temps au bout duquel la profession doit être considérée comme abandonnée, maintien indéfini dans le syndicat au cas d'abandon involontaire de la profession, rejet de l'amendement Guillemin renouvelé en ce qui concerne le droit d'entrer au syndicat.

Ces votes contradictoires ont eu pour conséquence le retrait de l'urgence précédemment votée.

La deuxième délibération n'a jamais eu lieu.

L'ampleur même de la discussion devant deux législatures prouve bien que la loi de 1884 est formelle sur ce point; de tels syndicats sont illégalement constitués, la dissolution peut en être poursuivie par les Parquets, et ceux qui en font partie dans ces conditions tombent sous le coup de l'article 9 de la loi de 1884 (amende de 16 fr. à 200 fr.)

La question a, d'ailleurs, été tranchée formellement en ce sens (Cour de Bordeaux, 27 décembre 1893, *Gazette des Tribunaux* du 4 janvier 1894 ; Cassation, Ch. crim., 18 février 1893, *Gazette des Tribunaux* du 26 février 1893).

3° **Rapports des Compagnies avec les Syndicats.**

Il est nécessaire de dissiper ici une équivoque.

On a reproché à plusieurs reprises aux Compagnies, soit à la tribune du Parlement, soit dans la presse, de ne pas se conformer à la loi sur les syndicats en refusant de reconnaître leur existence et d'entrer en rapports avec eux.

D'abord, les Compagnies n'ont pas à reconnaître l'existence des syndicats, qui résulte de la loi elle-même et que personne ne songe à contester.

Quant à entrer en rapport avec eux, pour les Compagnies comme pour tout patron, c'est une question d'espèce ; tant que le législateur n'aura pas déclaré (et il est à souhaiter pour la liberté des salariés eux-mêmes qu'il ne le fasse jamais) que le syndicat est l'intermédiaire obligatoire entre le patron et ses employés, et par suite que le syndicat est obligatoire pour ceux-ci, les Compagnies seront libres d'entrer en relations ou non avec les personnes morales que sont les syndicats, comme avec toutes autres personnes.

4° **Rapports des Compagnies avec les agents syndiqués.**

Nous poserons seulement deux principes très simples.

Les agents tiennent de la loi de 1884 le droit de se syndiquer, leur liberté doit rester entière.

Mais, d'autre part, le patron, quel qu'il soit, doit rester le maître chez lui, et toute action, toute propagande syndicale dans les lieux de travail, est illicite sans son consentement.

Sur le premier point, nous rappellerons simplement que par trois fois, la Chambre des députés a adopté des dispositions législatives tendant à réprimer de peines correctionnelles les atteintes à la liberté des syndicats (proposition Bovier-Lapierre, projet de loi Mesureur).

Ces dispositions ont toujours été rejetées par le Sénat.

En ce qui concerne le deuxième principe, il convient de citer deux applications intéressantes qui en ont été faites par la jurisprudence.

Il a été jugé que « les réunions et la propagande « syndicale ne sauraient avoir lieu dans l'usine ou le « chantier sans la volonté du maître, qu'elles consti- « tuent un abus dont il peut, s'il en est résulté pour « lui un préjudice, demander réparation, aux termes « de l'art. 1382 » (Cour de Bourges, 19 juin 1894, *Gazette des Tribunaux* du 6 octobre 1894).

A un autre point de vue, et cet arrêt nous semble résumer toute la question, la Cour de cassation a jugé « que si le patron doit respecter la liberté de ses ou- « vriers hors de l'atelier et s'il peut y avoir faute de « sa part à les renvoyer brusquement pour avoir usé « d'une faculté que la loi leur reconnaît, ceux-ci, par « contre, sont soumis dans l'atelier à son droit de « police, dont l'exercice ne peut engager sa responsa- « bilité, lorsqu'il n'est contraire ni à la loi, ni à « l'usage, ni à la convention ».

En fait, il s'agissait d'un ouvrier révoqué pour pro-pagande syndicale dans l'atelier (Cass., Ch. civ., 19 juin 1897, I, 541).

SECTION VII. — DU DROIT DE GRÈVE POUR LE PERSONNEL DES CHEMINS DE FER.

La grève générale du personnel des chemins de fer a été tentée deux fois, en 1891 et 1898. Ces deux tentatives ont piteusement avorté grâce à l'esprit de discipline des employés de chemins de fer, grâce aussi aux mesures énergiques prises par le Gouvernement pour prévenir tout acte de violence et pour assurer la sécurité de l'exploitation et la liberté du travail.

Mais elles comportent un enseignement pour l'avenir : le danger est connu, quel peut être le remède ?

A l'heure actuelle, les agents de chemins de fer, comme tous les salariés de l'industrie, bénéficient de la réforme introduite dans la loi pénale, en 1864. Ils ont le droit de coalition simple pour la défense de leurs intérêts.

La loi du 21 mars 1884 sur les syndicats professionnels, en abrogeant l'article 416 du Code pénal, leur a permis de plus de se concerter pour préparer la grève par voie d'amendes, défenses, proscriptions et interdictions.

Donc ils ont le droit de préparer la grève et de la mettre à exécution, pourvu qu'ils n'aient pas recours aux moyens violents ou frauduleux prohibés par les articles 414 et 415 du Code pénal.

On l'a nié, à plusieurs reprises, à la tribune du Parlement. M. Tolain à l'Assemblée Nationale, en 1872, M. Raynal parlant à la Chambre, en 1881, comme sous-secrétaire d'Etat aux Travaux publics, puis en 1882, ont soutenu que les agents des chemins de fer n'avaient pas le droit de se mettre en grève. Les faits postérieurs ont montré l'inanité de ces affirmations que rien ne justifiait en droit et qui furent, dès lors, fortement réfutées, notamment par M. Delattre à la Chambre (1882) et par M. Cuvinot au Sénat (1885). Il ne faut donc en retenir qu'une chose, même à l'époque où une grève des chemins de fer paraissait improbable, on avait déjà conscience des dangers que présenterait pour le pays une grève réelle.

En effet, au point de vue économique, d'abord, ce serait la suspension des relations postales, les transports de toute nature arrêtés entraînant l'inexécution des marchés, les grandes villes, Paris en particulier, rapidement affamées.

Les promoteurs de la dernière grève l'entendaient bien ainsi, aussi promettaient-ils aux agents que la grève serait courte et que les pouvoirs publics et les Compagnies seraient rapidement amenés à capituler devant eux.

Ce n'est pas tout d'ailleurs, et la grève des chemins de fer, on l'a déclaré publiquement dans les Congrès ouvriers, était considérée comme le point de départ nécessaire de la grève universelle.

Ce péril social, pour grand qu'il soit, n'est pas le seul ; au point de vue de la défense nationale, une grève générale des chemins de fer, soit au moment d'une mobilisation générale ou partielle, soit seulement dans une de ces périodes de tension des rapports diplomatiques, fatales sous le régime universel de la paix armée, soit même dans une période tranquille et par la seule occasion offerte à des ennemis toujours prêts, occasion qu'il leur serait facile de provoquer, pourrait mettre en question la sécurité même de la patrie.

On l'a compris, on a senti aussi que ni l'opinion publique, ni le patriotisme du personnel des chemins de fer ne pardonneraient aux instigateurs d'un tel crime.

Aussi a-t-on protesté que la sécurité nationale n'était pas en jeu et que les grévistes reprendraient tous leur service si la guerre éclatait. Mais, il est aisé de comprendre qu'alors il serait trop tard et que si une déclaration de guerre survenait au moment d'une grève, l'autorité militaire, en prenant possession des réseaux pour la mobilisation et la concentration des armées, trouverait les gares désorganisées, le matériel encombré, le personnel désorienté, sans parler des machines, des signaux, des aiguilles, qui auraient pu souffrir des violences inhérentes à l'état de grève, et cela à l'heure même où un retard imprévu dans l'exécution des plans de mobilisation pourrait être le premier facteur de la défaite.

Aussi, dès le lendemain de la grève de 1891, les pouvoirs publics se sont-ils préoccupés de cette question.

C'est d'abord M. de Freycinet, Ministre de la Guerre, qui, le 23 septembre 1891, deux mois après la première grève, signale à son collègue des Travaux publics, M. Yves Guyot, les inconvénients que pourrait présenter au point de vue exclusivement militaire, l'éventualité d'une grève des chemins de fer. M. Yves Guyot prépara un projet de loi, dont la rédaction fut confiée à M. Fallières, Garde des Sceaux. Ce projet interdisait la grève des chemins de fer, il édictait des peines correctionnelles contre les fauteurs de grève, au cas d'exécution ou de simple tentative, il visait et punissait également l'acte le plus coupable en pareille matière, l'excitation à la grève, mais il contenait des dispositions accessoires que M. de Freycinet jugea dangereuses pour la discipline et qui firent écarter le projet.

La question fut reprise par M. Viette, Ministre des Travaux Publics (1892-1893).

A son tour, le général Mercier, devenu Ministre de la Guerre (1893), appelait sur cette affaire l'attention de M. Jonnart, Ministre des Travaux Publics.

Enfin, en 1894, M. Barthou, Ministre des Travaux Publics du cabinet suivant, était saisi d'une note de M. Colson, Directeur des Chemins de fer, qui lui exposait la question et lui proposait une solution.

D'ailleurs, sous l'inspiration, sans doute, du Gouvernement, le projet de réforme du Code pénal, élaboré par une Commission extra-parlementaire, avait abordé et résolu cette question en punissant d'un emprisonnement de 6 mois à 2 ans tout concert ayant pour objet de suspendre, en tout ou partie, le fonctionnement d'un service d'intérêt général, comme la circulation d'un chemin de fer, la peine étant fixée de 2 à 5 ans pour les chefs ou provocateurs (article 172).

Mais à la fin de cette même année (1894), un groupe nombreux de sénateurs, émus des menaces de grèves dans les services publics, prenaient l'initiative de rédiger une proposition de loi spéciale réprimant les grèves.

La proposition fut déposée le 21 décembre 1894, elle portait la signature de M. Merlin et de 64 de ses collègues.

Elle tendait à punir :

1° D'un emprisonnement de 6 jours à 6 mois et d'une amende de 16 à 500 fr., toute coalition formée par des ouvriers des arsenaux de l'État, des ouvriers ou employés des autres exploitations de l'État, *des agents des Compagnies des Chemins de fer*, pour faire cesser, suspendre ou empêcher le travail, au cas où il y aurait tentative ou commencement d'exécution ;

2° D'un emprisonnement de 2 à 5 ans les chefs ou moteurs ;

3° D'un emprisonnement de 3 mois à 2 ans et d'une amende de 100 fr. à 3,000 fr. toute provocation à commettre ce délit.

Le 11 janvier 1895, dans son allocution de rentrée au Sénat, M. le Président Challemel-Lacour faisait allusion à la nécessité de rendre la grève des services publics impossible par un texte de loi.

Le 21 janvier, M. Marquis déposait au nom de la Commission d'initiative un rapport favorable.

Le 8 février, après adhésion du nouveau Garde des Sceaux, M. Trarieux, au principe de la proposition, celle-ci était prise en considération par le Sénat.

Le 4 mars, M. Trarieux, après avoir pris l'avis de ses collègues de la guerre (général Zurlinden) et de la marine (amiral Besnard), déposait au nom du cabinet Ribot un projet de loi ayant le même objet et en donnait lecture en séance.

Le Garde des Sceaux, se plaçant surtout au point de vue militaire, restreignait l'interdiction de la grève au personnel des services publics « qui intéressent l'ordre général et la sécurité du pays » et se référait pour les délimiter à la loi du 15 juillet 1889 sur le recrutement de l'armée, dont l'article 51 soumet à des règles spéciales, au point de vue du service militaire, plusieurs catégories d'ouvriers et d'employés.

Le projet procédant par voie de modification des articles 414 et 415 du Code pénal, réunissait sous la rubrique 414 les anciens articles 414 et 415, et dans le nouvel article 415 déclarait punissable d'un emprisonnement de 6 jours à 2 ans et d'une amende de 16 fr. à 3,000 fr. ou de l'une de ces peines seulement quiconque aurait amené ou maintenu, tenté d'amener ou de maintenir une cessation concertée de travail de la part des ouvriers et employés d'un service public, auxquels s'appliquent les dispositions spéciales de l'article 51 de la loi du 15 juillet 1889.

L'article 51 contient, en ce qui concerne les chemins de fer, les désignations suivantes :

Tableau A : sections techniques, personnel de l'exploitation technique, administration centrale.

Tableau B : personnel sédentaire, contentieux, service des titres, à l'entrée dans les cadres de l'armée territoriale seulement.

Ce projet fut renvoyé à la même Commission que la proposition Merlin.

M. Demôle déposa le 10 juin 1895 au nom de cette Commission, un rapport favorable.

La mise de la discussion à l'ordre du jour du Sénat fut demandée avec persistance les 21 et 27 juin suivants, puis le 22 octobre, au début de la session extraordinaire, et malgré les hésitations du Garde des Sceaux, fixée au 24.

La session extraordinaire se passa cependant sans que le rapport vînt en délibération.

Le 28 janvier 1896, nouvelle inscription à l'ordre du jour après scrutin donnant 129 voix pour et 75 contre.

Le 30 janvier, M. Ricard, Garde des Sceaux du cabinet Bourgeois, retirait le projet de loi déposé par son prédécesseur, mais le Sénat restait saisi de la proposition Merlin et par suite du rapport Demôle.

La première délibération eut lieu les 3 et 4 février 1896, le projet fut adopté par 154 voix contre 50, malgré l'intervention très ardente du Ministre de la Guerre, M. Cavaignac et du Président du Conseil, M. Bourgeois.

La deuxième délibération eut lieu le 14 février suivant. L'adoption fut votée par 146 voix contre 70.

La sixième législature de la Chambre fut saisie le 2 mars 1896, elle se sépara sans avoir nommé de commission.

La septième législature a été saisie à son tour le 20 juin 1898.

Le texte adopté par le Sénat et soumis à la Chambre, procède, comme le projet Trarieux, par voie de modification aux articles 414 et 415 du Code pénal.

En ce qui concerne le personnel des chemins de fer, il a plus d'extension que le projet Trarieux, car il est applicable non seulement aux catégories d'agents visés par la loi de 1889, mais à tous les agents des Compagnies et des Chemins de fer de l'Etat, en y comprenant les agents non classés employés à titre permament.

Il punit :

1º La grève ou tentative de grève avec commencement d'exécution d'un emprisonnement de 6 jours à 6 mois, d'une amende de 16 fr. à 500 fr. ou de l'une ou l'autre des deux peines.

(C'est, on le voit, la proposition Merlin, avec un léger adoucissement résultant de ce que le juge peut n'appliquer qu'une des deux peines) ;

2° Les chefs ou moteurs d'un emprisonnement de 2 à 5 ans, sans préjudice de l'amende ci-dessus.

(C'est encore la proposition Merlin, complétée sur ce point en ce qui concerne l'amende) ;

3° Toute provocation publique à la grève d'un emprisonnement de 3 mois à 2 ans et d'une amende de 100 fr. à 3,000 fr.

(Ici, la proposition Merlin est atténuée car elle n'exigeait pas que la provocation fût publique).

Nous avons, maintenant, à examiner si ces dispositions sont justifiées, si elles sont utiles, si elles doivent être efficaces.

Et d'abord, elles sont *justifiées*. Nous entendons par là qu'elles ne constituent pas, comme on l'a dit, une injustice.

M. Bourgeois, combattant au nom du cabinet qu'il présidait, la proposition soumise au Sénat, s'étonnait qu'on pût avoir la prétention de retirer à une catégorie très méritante de travailleurs le droit de coalition simple reconnu à tous les salariés par le législateur de 1864.

Eh bien, si l'on se place au point de vue du *sujet* de la loi, si l'on envisage le personnel des chemins de fer, est-ce qu'il n'apparaît pas à tous que c'est là une catégorie toute spéciale de salariés ?

En premier lieu, les agents du réseau de l'Etat sont à n'en pas douter, des fonctionnaires, rétribués sur le budget de l'Etat, soumis, nous l'avons vu, quant aux différends relatifs à leur contrat de louage, à la juridiction des tribunaux administratifs, nommés sur proposition du Directeur par le Ministre des Travaux publics, à qui sont soumises même les propositions d'avancement et qui arrête le chiffre des traitements.

En ce qui les concerne on peut même se demander si l'article 126 du Code pénal qui punit de la dégradation civique les démissions concertées de fonctionnaires ayant pour but d'empêcher ou de suspendre l'accomplissement d'un service quelconque, ne leur est pas rigoureusement applicable.

D'autre part, les agents des Compagnies, sans doute, ne sont pas des fonctionnaires, mais la proposition, en ce qui les concerne, n'est-elle pas justifiée :

1° Par le service public qu'ils exercent, monopole d'Etat confié aux Compagnies, indispensable aux fonctions économiques du pays;

2° Par l'effet des conventions financières passées entre l'Etat et les Compagnies, qui font que leur salaire et ses accessoires entrent en compte dans le budget de l'Etat, soit pour déterminer le chiffre de la garantie d'intérêts, soit pour limiter le partage possible des bénéfices ;

3° Par la situation spéciale qui leur est faite, nous l'avons vu, au point de vue militaire ;

4° Enfin, par les avantages de tout genre que nous avons indiqués, lesquels rendent leur situation enviable pour les autres salariés, spécialement en raison de sa stabilité dans le présent et de la sécurité qu'elle offre pour l'avenir.

Et si l'on se place au point de vue de *l'objet* de la proposition, qui est de déroger à la loi de 1864, on peut affirmer sans crainte d'être démenti :

1° Que le législateur de 1864 n'a pas même pu envisager l'hypothèse d'une grève des services publics de l'État ; on ne trouve en effet dans les travaux préparatoires aucune trace de cet ordre d'idées, et cela s'explique, on l'a fait remarquer à la tribune du Sénat, en raison des principes autoritaires du Gouvernement impérial qui n'eut pas toléré une telle grève ;

2° Que l'eût-il envisagée, il n'eût pas hésité à poser lui-même une exception au principe de la liberté des coalitions. L'exposé des motifs de la loi de 1864, en effet, raisonne ainsi, pour écarter l'application de pénalités, au cas de coalition simple : « La peine n'est légi- « time que si l'acte qu'elle atteint est moralement « coupable, ou si les pouvoirs publics, agissant en exé- « cution de leur mission sociale, ont trouvé, dans l'in- « térêt général dont ils sont les gardiens, des raisons « suffisantes pour l'interdire ».

Or, si l'on peut, à la rigueur, admettre qu'il y ait doute sur l'immoralité d'une coalition qui mettrait en jeu les intérêts économiques et la défense du pays, il est hors de doute, et ce sera le second point de notre démonstration, que les pouvoirs publics ont des raisons suffisantes pour l'interdire.

On a dit encore que la proposition mettait en question le principe même de la loi de 1884 sur les Syndicats professionnels.

Cela serait exact si cette loi avait eu pour but, en

créant les syndicats, de créer l'organisme nécessaire de la grève et voulu faire du Syndicat le ressort antisocial de la lutte violente entre le travail et le capital.

Mais tel n'était pas le but du législateur de 1884, et la proposition actuelle, tout en supprimant le droit de faire et de préparer la grève, laisse aux syndicats existants ou à naître toute liberté de fonctionnement.

Les dispositions proposées sont donc justifiées, de plus elles sont *utiles :* Nous avons indiqué plus haut brièvement, mais assez nettement pour qu'il soit superflu d'y revenir, le double danger de la grève des chemins de fer.

Voyons de quelles armes disposent actuellement ceux qui ont la charge de défendre l'État.

Au point de vue militaire, d'abord, la loi sur les réquisitions met sous l'autorité du Ministre de la Guerre et soumet au Code de justice militaire, au cas de mobilisation générale ou partielle ou de rassemblement de troupes, tout le personnel des chemins de fer sans distinction d'âge ni d'emploi.

Mais en dehors de ces cas, le Gouvernement est-il armé ? M. Cavaignac, parlant comme Ministre de la Guerre à la tribune du Sénat, a soutenu qu'une loi nouvelle était inutile et que les articles 430 et 431 du Code pénal lui donnaient des armes suffisantes pour le temps de paix.

Or, un de ses prédécesseurs, le général Mercier, raisonnant sur ces mêmes articles, déclarait antérieurement qu'ils ne pouvaient être utiles qu'au cas de transports intensifs.

Et, en effet, ces articles, qui visent les délits des

fournisseurs, punissent bien de peines correctionnelles fort sévères (la réclusion et une amende de 500 fr. au minimum, au maximum du quart des dommages-intérêts) « les agents des fournisseurs chargés d'entre-
« prises ou régies pour le compte des armées de terre
« et de mer, qui, sans y être contraints par une force
« majeure, auraient fait manquer le service dont ils
« sont chargés » ; mais cela ne peut évidemment s'appliquer qu'au cas où la grève mettrait obstacle à des transports nécessaires au Ministère de la Guerre ou à celui de la Marine. Ces Ministères ont, il est vrai, avec les Compagnies des traités permanents, mais leurs transports ne le sont pas et le Gouvernement ne saurait user de ces articles pour prévenir le danger qui résulterait, non pas de l'inexécution de tel transport en particulier, mais de la désorganisation générale des services.

En résumé, au point de vue de la défense nationale, hors les cas de mobilisation ou de rassemblements de troupes visés par la loi sur les réquisitions et celui de transports intensifs où pourrait s'appliquer utilement l'article 431 du Code pénal, le Gouvernement est désarmé en temps de paix contre la grève des chemins de fer, et une loi nouvelle est nécessaire.

Si, maintenant, nous nous plaçons au point de vue du péril économique, la situation est plus claire encore. Si les fauteurs de la grève des chemins de fer n'usent dans sa préparation et son exécution, ni de violences ni de voies de fait, ni de manœuvres frauduleuses, ils bénéficient de la liberté de coalition créée par la loi de 1864 et de la liberté de préparation de la grève qui résulte de l'abrogation de l'art. 416 du Code pénal, réalisée par la loi de 1884. Tout au plus trouve-t-on dans la législation spéciale aux chemins de fer un article d'une portée restreinte et absolument temporaire, qui vise le cas spécial du mécanicien ou du conducteur garde-freins qui abandonnerait son poste pendant la marche d'un convoi. L'article 20 de la loi du 15 juillet 1845 sur la police des chemins de fer les punit dans ce cas d'un emprisonnement de six mois à deux ans. Mais il leur suffit de ne pas partir pour échapper à cette pénalité.

Au point de vue économique plus encore qu'au point de vue militaire, le Gouvernement est désarmé et une réforme est nécessaire.

Voyons maintenant si les dispositions projetées doivent être *efficaces*, si elles sont de nature à atteindre le but visé par le Sénat.

Tout d'abord, pour un personnel aussi discipliné, aussi attaché à ses devoirs que le personnel des chemins de fer, le seul fait que la grève serait devenue illégale lui ôterait toute chance de succès.

Nous croyons que cet effet moral serait le résultat le plus important de la loi projetée.

Sans doute, les peines sévères (six jours à six mois d'emprisonnement, amende de 16 fr. à 500 fr.) portées contre ceux qui prendraient part à une grève ou même à une tentative de grève, sont de nature à faire réfléchir ; mais, on a fait remarquer, très justement, qu'au cas de grève généralisée, il serait bien difficile d'en faire, en temps utile, l'application à plusieurs milliers de grévistes.

Il n'en est pas de même en ce qui concerne les chefs ou moteurs toujours peu nombreux, toujours connus à l'avance et par suite faciles à atteindre avant que la grève ait pris des proportions inquiétantes. La peine rigoureuse de 2 à 5 ans d'emprisonnement, sans préjudice de l'amende qu'édicte contre eux l'article 415 modifié, est propre à arrêter net dans leur œuvre néfaste les meneurs les plus ardents. Nous en dirons autant de la peine de 3 mois à 2 ans de prison et de l'amende de 100 fr. à 3,000 fr. qui réprimerait toute provocation publique à la grève, là encore il y avait d'autant moins de ménagements à garder qu'il s'agissait d'atteindre ceux-là qui poussent à la grève le plus souvent sans qu'il doive leur en coûter rien, et on a eu raison de frapper fort.

Une autre solution a été non pas proposée, mais indiquée surtout dans le but d'écarter celle qui allait aboutir, par M. Bourgeois à la tribune du Sénat.

Il s'était offert à étudier, d'accord avec la Commission du Sénat, une application au temps de paix de la loi sur les réquisitions, le Gouvernement et spécialement le Ministre de la Guerre devant avoir mission d'apprécier si la grève compromettait la défense nationale, auquel cas seulement la loi sur les réquisitions serait appliquée.

Cette solution nous paraît absolument critiquable. D'une part, en effet, il n'y a là contre la grève aucun remède préventif et l'on peut se demander si les mesures de coercition nécessaires pour faire reprendre le service au cas de grève commencée, seraient bien efficaces.

D'autre part, le pouvoir d'appréciation laissé au Gouvernement suivant les tendances duquel la grève serait licite ou punissable, nous paraît au moins une nouveauté fâcheuse. Enfin, M. Bourgeois ayant bien spécifié qu'on ne se placerait pour l'application de la loi sur les réquisitions qu'au point de vue militaire, le péril économique résultant de la grève subsisterait tout entier et sans remède.

TABLE DES MATIÈRES

TROISIÈME PARTIE